告别平凡、成就卓越

担当

企业就是你的桨

刘树苗 郑 伟 / 编著

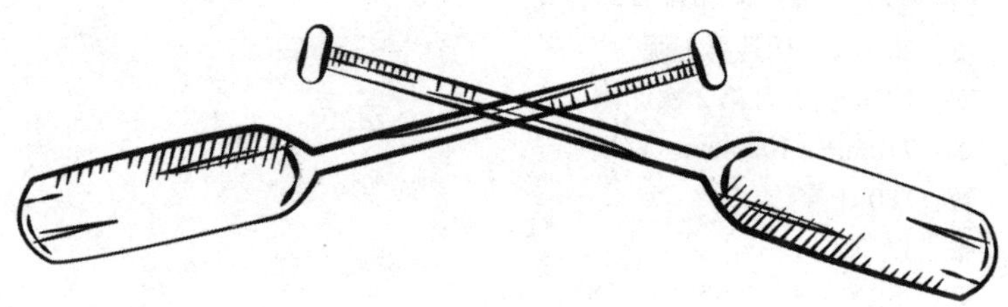

中华工商联合出版社

图书在版编目（CIP）数据

担当：企业就是你的桨 / 刘树苗，郑伟著．—北京：中华工商联合出版社，2020.10

ISBN 978-7-5158-2826-8

Ⅰ．①担…　Ⅱ．①刘…　②郑…　Ⅲ．①企业责任　Ⅳ．①F272-05

中国版本图书馆CIP数据核字（2020）第152853号

担当：企业就是你的桨

作　　者：刘树苗　郑　伟
出 品 人：刘　刚
责任编辑：胡小英
封面设计：田晨晨
版式设计：北京东方视点数据技术有限公司
责任审读：郭敬梅
责任印制：陈德松
出版发行：中华工商联合出版社有限责任公司
印　　刷：盛大（天津）印刷有限公司
版　　次：2020年10月第1版
印　　次：2024年1月第2次印刷
开　　本：710mm×1020mm　1/16
字　　数：180千字
印　　张：13.25
书　　号：ISBN 978-7-5158-2826-8
定　　价：68.00元

服务热线：010-58301130-0（前台）
销售热线：010-58302977（网店部）
010-58302166（门店部）
010-58302837（馆配部、新媒体部）
010-58302813（团购部）
地址邮编：北京市西城区西环广场A座19-20层，100044
http://www.chgslcbs.cn
投稿热线：010-58302907（总编室）
投稿邮箱：1621239583@qq.com

前言
PREFACE

习近平总书记提出“空谈误国，实干兴邦”，是倡导全体党员和干部力戒空谈，靠实干来实现中华民族的伟大复兴，这句话也给我们的工作带来深刻启发。

在现实工作中，有很多员工喜欢夸夸其谈，他们谈起工作和计划时头头是道，引经据典，信手拈来，一副天下大事了然于胸的样子。但是这样的员工，一旦让其去实现计划和目标，他们往往显得有些力不从心。我们姑且把这类人称之为“空谈家”，他们说得多、做得少，多数人在工作中或多或少都有些不得志，抱怨声不断。为什么会这样？因为在职场中，领导最看重的不是口若悬河谈工作的员工，而是能做出成绩的员工。在用成绩说话的时代，空谈不仅创造不了任何价值，更无益于个人的职业发展。

古语有云：“宝剑锋从磨砺出，梅花香自苦寒来。”但凡做出大事业的人，虽然每个人奋斗的路径有所不同，但最后的成功绝不是空谈得来的。空谈没有希望，越空谈越绝望，只有落实才有出路，越实干越有希望。

落实，是将工作落到实处，而非坐而论道、光说不练；落实工作的过程要有大无畏的精神，敢于担当，而非推诿责任；落实就是用积极的态度去面对工作，而非偷奸耍滑、弄虚作假；落实就是做好工作中的小事和细节，而非好高骛远。落实不等同于瞎干、蛮干，而是要会干、巧干、能干。实干是遵循工作流程，而非一意孤行。会干是以实际工作业绩来衡量结果，充分发挥主观能动性，在工作中做出重大成果；巧干是指干工作要有方法、讲策略，而非一味地蛮干甚至瞎干，只有在工作开始之前进行周密部署，找到最佳工作方法，最后才能达到事半功倍的效果；能干是指每个员工都能高效工作、高效沟通，并能在工作中突破常规、超越自己，不断实现创新。

本书通过大量的案例，围绕“落实”二字展开论述，希望在实干精神的引导下，让每位企业员工都能巧干、会干、能干，快速而完美地完成工作任务，在成为一名真正的落实型员工的同时，也谱写出属于自己的人生新篇章。

第一章　光说不练假把式，落实才能出真知

第二章　推责任误人误己，敢担当才有作为

第三章　不做拖延的奴隶，高效才能赢得机会

第四章　态度就是竞争力，态度正才有落实

第五章　蛮干费力又不讨好，懂实干更要会巧干

第六章　天下大事作于细，把小事做精、细节做亮

第一章

光说不练假把式，落实才能出真知

国务院总理李克强在回答记者提问时，曾指出："改革贵在行动，喊破嗓子不如甩开膀子。"这句简单有力的话一针见血地指出：不论任何重大的改革，如果做不到马上落实，就等于空谈，没有任何意义。工作中，如果人人都是空谈家，那就无法做好自己的工作，只有告别空谈，转当实干家，才能在工作中取得成绩。

只知“指点江山”，永远学不到经验

习近平总书记曾不止一次在公开场合强调：“空谈误国，实干兴邦。”短短八个字，深切地指出了空谈的危害。可见，大到国家，小到企业乃至个人，如果做不到落实，再好的计划和策略也会如空中楼阁。只有摒弃空谈，投入行动，才有可能获得成功。

东芝电器公司是日本著名的电器公司，产品畅销全球，深受消费者的欢迎。然而，这样一家大型公司也曾因为工作落实不到位而险些走向灭亡。

因管理中出现问题，东芝公司的员工一度变得散漫无序，进而产生了产品滞销、资金周转不灵、浪费严重等多方面问题，公司连年亏损，眼看就到了倒闭的境地。

在这种情况下，土光敏夫临危受命，接手了东芝公司，想通过自己的努力让东芝公司再现辉煌。土光敏夫是一个雷厉风行的实干家，他上任后很快就发现了东芝公司存在的问题，并在就职演说中表示："东芝的成败，在于众人的努力。"

土光敏夫对症下药，采取了一系列激励员工实干的变革措施。在他的带领下，东芝公司一改往日风貌，公司员工对工作都认真负责，将自己的工作落实到位。不久后，东芝公司就恢复了元气，实现了利润增长。

通过上述案例不难看出，东芝公司陷入危机的最大原因就是员工丧失了实干精神，工作落实不到位，自然会爆发出各种问题。土光敏夫作为一个务实的人，深知工作的落实程度对一家公司的重要性。有效提高员工的实干力以后，东芝公司便顺利渡过了难关。

其实，落实工作与否不仅会关系到公司的命运，更会对员工个人的前途起到决定性的作用。在工作中，有不少员工对工作挑挑拣拣，认为凭自己的能力可以担任更高的职位、做更大的事情，说起理论来他们往往是口若悬河，但是对落实工作的具体方法、关键措施却很少费心思、动脑筋、花精力，结果不仅难以积累工作经验，还会导致具体的工作失败。

小赵是某高校毕业的博士生，在校期间表现优异，颇受导师器重。毕业后，小赵凭学历上的优势很快就应聘到了一家规模中等的公司，薪酬也颇为丰厚。还未等他正式到公司报到，公司内部员工就开始私下议论，有羡慕小赵学历的，有羡慕小赵所就读高校的，也有的认为小赵一定非常有能力。而对于老板来说，小赵是自公司成立以来唯一一位拥有博士学位的员工，他觉得自己挖到了一块大金子。

小赵入职没几天，就开始找机会展露他的理论才华。在一次营销会议上，小赵简明扼要地指出了问题所在，其他与会员工在为小赵的观点折服的同时，也不禁暗自佩服老板的用人眼光。而一向严肃的老板看到小赵的表现也不由得点了点头，当时就暗下决心，一定要将小赵培养成能够独当一面的员工。

通过此次会议，小赵感受到了老板的器重，他开始逐渐忘记自己的新人身份，不论公司大小事务，只要他发现问题都会马上指出来并发表自己的看法。尽管大家也比较认可小赵的各种看法，但时间一长大家发现，小赵毕竟初涉职场，没有多少实际工作经验。一些老员工慢慢对小赵产生了看法，认为他空有理论，很难成事。

小赵也开始意识到自己在公司的地位大不如从前，但依然没有丝毫改正的意思，反而不断抱怨。老板找他谈话并推心置腹地说："我知道你是一个不可多得的人才，眼光长远，懂理论。可你要知道，要谈成一个项目，除了理论之外还需要大量调研等课外工作，如果你还是不愿意放下姿态做些实际的工作，依然不会学到任何东西。"

老板本来希望通过自己的这番话让小赵及时醒悟，可是小赵显然并没有把他的话放在心上。在接下来的日子里，小赵依然我行我素，越来越多的人对他产生看法。连老板也失望了，认为与其找一个只会指点江山的空谈家，还不如找一个懂实干的普通员工。最后，老板委婉地通知他走人。

俗话说："光说不练假把式。"在当下职场中，有很多像小赵一样的人，只会空谈理论，真正落实起来力不从心，更别谈能够创造出什么商业价值了。美国微软公司有个广告片，广告内容是一位男士激昂地讲着他的创意，而他身边的同事不是埋头工作就是三两个人围在一起讨论问题，这时出现一张牌子，上面写着四个醒目的大字："拒绝空谈。"微软用两种不同的工作状态形象地说明了：不论你的创意有多么高明，都需要先落实。

不搭建"空中楼阁"，计划合理才能保证落实

佛教寓言故事集《百喻经》里有这样一个故事：一位富翁见另一位富翁家里有一座三层楼房，十分羡慕，自己也想造一座。于是他找来了工匠，讲述了自己的愿望。工匠十分痛快地答应了，并动手开始量地基、叠砖，准备造楼。富翁见工匠如此，大惑不解，便问工匠在干什么？工匠回答说："造三层的楼呀！"富翁说："我不要下面两层，你直接给我造第三层。"工匠说："如果不造一二层楼，又怎么谈得上第三层楼呢？"

空中楼阁的故事听起来十分幼稚可笑，但在实际工作中，却有不少人不断地犯"空中楼阁"式的错误。他们在做一项工作时制定的计划并不切合实际，即使富有实干精神，但执行起来也可能遇到不少无法克服的困难，最后即便勉强完成计划，结果也会不尽如人意。

在工作中，懂得实干的同时，我们还应该制定一个合理的工作计划，如此才能保证工作取得圆满的结果。习近平总书记在《关于<中共中央关于全面深化改革若干重大问题的决定>的说明》等文中，曾多次引用“不谋全局者，不足谋一域”这句古语，这句话高屋建瓴地指出从全局的角度考虑问题的重要性。而只有从大局出发，制定周详且合理的计划，才可能花费最少的精力取得最好的成绩。

迈克是美国一所大学的学生，专业是计算机，但他的志向是将来成为一位优秀的歌手。他从小喜欢音乐，天生有一副好嗓子，为了实现自己的音乐梦想，除了完成学业之外，他把所有的闲暇时间都用在了音乐创作上。

迈克深知自己虽然拥有不错的嗓音，但作词方面却不擅长，所以他找到一位志同道合的年轻人来合作。这个年轻人叫史蒂文，文学功底深厚。熟悉之后，史蒂文被迈克对音乐的执着和热爱所打动，决心和他一起完成音乐梦想。

一次，两人在讨论一首刚创作的新歌曲的时候，史蒂文突然问道：“迈克，你想过吗？五年之后你在从事什么工作？”没等迈克回答，史蒂文朝他微微一笑说：“先别急着回答，你自己仔细想想，等想好了再告诉我。”

迈克低头沉思了好大一会儿，才抬头目光坚毅地看着史蒂文说：“第一，五年之后，我希望能在音乐市场上看到我的唱片，而且唱片非常受人欢迎。第二，我希望能与一些优秀的音乐家在一起工作，这样在音乐方面，我才能取得更大的进步。”

史蒂文点了点头说：“很好，目标十分明确。现在让我们一起倒过来看这个目标。如果你希望五年之后出一张属于自己的唱片，那么从第4年开始，你就要寻找一家愿意出你唱片的公司并达成合作。你知道，一张好的唱片，至少得用一年时间来打磨、包装。”

“不错，你说得非常对！”迈克说。

“那么在第三年的时候，你必须拿出一个你认为完美的作品，这样才能拿给很多的唱片公司听，对不对？”

迈克点了点头，表示认同。

史蒂文又说：“那么从第二年开始，你肯定已经创作出了很棒的音乐作品，并且马上可以进行录音工作。为了不耽误录音工作，你需要在第一年把所有要录音的作品进行编曲。”说到这里，史蒂文停顿了一下，见迈克听得十分专注，便继续说：“为了不影响编曲，在第六个月的时候，你还需要不断完善所有的作品，然后才能从中筛选出最好的作品。那么你的第一个月，就是要把目前这几首曲子完工。所以，在第一个礼拜，你需要做的就是先列出一个清单，排出哪些曲子需要修改，哪些需要完工。”

史蒂文一口气说完这段后，耸了耸肩说：“这是让你成为一名优秀音乐家的五年计划。虽然现在唱片市场竞争激烈，但如果你按照这个计划，认真地一项一项去完成，等到了第五年，即使唱片市场竞争再激烈，你也会脱颖而出，成为真正的音乐家。”

迈克听后陷入了沉思，决定执行史蒂文为他提供的计划。

五年后，迈克如愿地推出了自己人生的第一张唱片，因曲风新颖、歌词优美，唱片刚投入市场就引起了巨大反响。得到认可的迈克逐渐结识了很多优秀的音乐家，并有机会与他们一起探讨音乐。渐渐地，迈克的第二个梦想也实现了。

从迈克的经历我们不难看出，他之所以能够如期实现自己的音乐梦想，除了目标明确之外还有一个很重要的原因，就是他的计划非常切合实际，以五年为期限，每年都有不同的工作任务。这些工作犹如地基，为将来建造成理想这座漂亮的房子打基础，环环相扣，缺少任何一项步骤都可能完不成梦想或让结果大打折扣。

可见，想要确保一项工作顺利完成，合理的计划是一个相当重要的前提。而有的人在工作中做事毫无章法，即使拟定了计划也没有充分考虑到实际情况，结果必然会导致失败。

周庚是一家大型国际贸易公司的员工，每月薪水虽然不高，但是在工作中可以学到很多关于国际贸易的运作规则，他想借此机会多积累一些工作经验，只要能力提升了，薪水自然也涨。

周庚的英语不错，他凭借这个优势，没费多少劲就熟练掌握了外贸英语。接着，他又买了大量关于国际贸易的书籍，每天下班后他就一头扎进书堆，业务水平在短时间内就得到了很大的提升。部门经理对周庚的印象也不错，认为他踏实肯干，有心培养他，所以不论是合同的拟订，货物的报关、查验、还是与外商谈判，几乎都带着他。

周庚因表现出色很快成为公司的精英员工，职位晋升了两级，但遗憾的是薪水却没有涨，周庚有些怏怏不乐，心想，升职又能怎么样？除了要承担更多的事务之外，什么实惠也得不到。而这期间，周庚的一个同事选择辞职，创办了一家互联网公司，很快就实现了盈利。周庚对此羡慕不已，尤其是当同事向他吹嘘互联网赚钱如何容易的时候，他就开始想：原来在一起工作时这个同事的能力大不如我，现在居然也能干出这么大的事业，如果自己也投身互联网的话一定会比他做得好。再者，目前的工作如同鸡肋，现在不放弃将来恐怕会后悔。于是，他不顾经理的再三挽留，辞职创办了一家互联网公司。

当公司真正开始运营之后，周庚才发现，互联网行业并不像同事说的那么简单。公司刚开张，几乎每天都会遇到不同的困难，周庚每天忙得焦头烂额，身体状况也急转直下。就在他苦苦支撑的时候，互联网寒潮来临，本来就没什么实力的公司很快就倒闭了，周庚为此还欠了一大笔债。

周庚同事所经营的公司在这次互联网危机中虽然也受到了冲击，但依然可以正常运转。周庚不知道的是，以前与这位同事共事期间，同事就发现互联网有巨大的发展潜力，便开始积极学习互联网知识、找投资人和团队，为后期的辞职创业打下了良好的基础。

与第一个案例中的迈克相比，同样是面对一个较大的目标，周庚的结局却完全不同，而周庚创业之所以失败，除了轻易相信别人的鼓动之外，还有很大一部分原因是没有根据当前的形势结合自身的长处去分析自己是否真的适合吃互联网这碗饭，结果因为计划不切合实际而盲目辞职创业，不仅没有实现赚取更多财富的目的，反而负债累累。

这两个案例带来的启示也是较为深刻的，人们在制定工作计划的时候必须基于现实，不能好高骛远、眼高手低，只有在计划合理的基础上去实干，最后才能获得成功。

实干不是打太极，空有架势不到位

职场中，或许会有这样的情形：某位同事颇有实干精神，但是工作经常会出现返工的情况。究其原因，其实也很简单，就是没有把工作一次性做到位。

工作中，如果我们因时间仓促或者其他原因，不能一次就把事情做好，难免会心存愧疚，继而坐卧不安，生怕工作会出现什么新的问题，如此一来，自然很难集中精力投入到新的工作当中，长此以往，自信心也必然受到打击。如果能把工作一次性做到位，不仅能收获一定的成就感，也会迎来新的机会。

在美国华盛顿一条繁华的街道上，一位中年男士每天都能看到一位年轻的环卫工人在清扫街道。他工作十分卖力，凡是他扫过的区域都异常干净，没有留下一点垃圾。

一天，这位环卫工人像往常一样认真又卖力地清扫街道的时候，中年男士来到他的身边，微笑着说他家就住在这条街道的尽头，由衷地赞叹道：“你打扫的街道是我走过最干净的街道！”

环卫工人说：“谢谢。我只是一次性把工作做到位。”

中年男士微笑着点了点头，然后与环卫工人告别。接下来的几天里，环卫工人的话一直萦绕在中年男士的脑海中，他越回味越觉得环卫工人是个可塑之才，于是他做了一个决定。

几天后，环卫工人意外地接到当地一家非常有名的销售公司的聘书。环卫工人惊喜交加，询问自己凭什么得到这个机会。送聘书的工作人员简单做了解释，环卫工人这才恍然大悟。

原来，几天前与环卫工人有过一面之缘的那位中年男士正是这家销售公司的老板。当时的交谈虽然短暂，但他十分欣赏环卫工人的工作态度，于是决定聘请他来公司做销售员。

老板果然没有看错人。环卫工人进入公司以后任劳任怨，不论做什么工作都非常到位，很少出现差错。仅仅一年，曾经的环卫工人就成为公司的销售明星，销售业绩居全公司第一。

职场中，很多员工如果一直没有得到升职加薪的机会，就会抱怨公司不公平。其实，所有的机会都是自己争取来的，正如案例中的环卫工人一样，只要把工作做到位，机会总有一天会主动来临。

而在工作中像环卫工人一样通过自己的努力赢得机会的例子并不少，比如微软中国区总裁吴士宏，正式进入商海之前她只是一位普通的护士。

进入微软之后，吴士宏从打杂做起，拼命把每一件小事做好。她始终相信，只要把眼前的工作做到位，终有一天机会会垂青自己的。后来，她的努力果然引起了上级的注意，得到了更好的工作机会。在微软工作12年的吴士宏，以实干、苦干的精神一步步铸就了属于自己的事业，成为无数人效仿的传奇人物。

第一次就把工作做对、做好、做到位，是一个良好的习惯，不仅能节省大量时间、财力和物力，还能避免走弯路。在工作时，哪怕我们第一次多花一点时间、多用一些精力，但一次性把工作做到位，就能避免许多不必要的麻烦。然而，在实际工作中，依然有很多人做不到这点，即使面对最简单的工作也会出现各种差错。

毛宇是一家广告公司的员工，不论做什么工作他都不能一步到位，每次总要留个小尾巴，为此没少挨老板的批评。每次挨批评的时候，毛宇都会信誓旦旦地保证下次一定注意。然而对于自己的保证他转身就忘，根本不放在心上。

一次，毛宇在为客户制作宣传广告的时候不小心输错了联系电话中的一个数字。当他把宣传单交给客户时，客户也没有仔细检查就签收了。直到产品发布会结束后，客户翻看宣传单的时候才发现联系电话中错了一个数字，而此时宣传单已经派发出了一万多份。

毛宇得知自己闯了大祸，吓得六神无主，不知道该怎么办才好。老板马上组织员工进行补救措施，同时与客户协商赔偿事宜。通过多方努力，客户对广告公司的补救措施还算满意，最后只要了一点点的赔偿。

事情虽然过去了，毛宇却一直放不下这件事情，心里充满了负罪感，最后选择了离职。

一次没有执行到位，不但会因此而浪费时间不断去补救，严重的话，甚至还可能会将公司击垮。案例中的毛宇在工作时如果能够更认真一些，一次把工作做到位，就完全能够避免这个不好的结局。

或许有人会认为，第一次没做好没关系，还有下一次。确实，第一次没做到位，下次可以接着做，但是这样做既浪费时间又浪费精力，更严重一些，如果出现的问题严重，可能永远没有下一次的机会去做补救措施了。所以，如果能把工作做到位的观念内化在心中，并时刻提醒自己去执行，不仅于己有利，还能避免为他人带来麻烦，实乃双赢之举。

“适者”只能生存，只有“试者”才能成事

职场中从不缺乏思维敏捷的人，更不缺乏有才华的人，但是这些人当中有相当一部分却喜欢玩小聪明，工作起来也仅仅是为了完成任务，就算发现了一些潜在问题，也不愿意主动去解决，总认为反正上级没有发现也没有交代，自己不用着急，这类人是典型的职场“混混”。

从表面上看，工作中的某些问题确实与自己无关，自己就没有责任花费力气去解决。这种看似聪明的做法虽然能避免不少麻烦，但同时也意味

着失去了更多机会。因为在工作当中，能发现问题却又不愿意解决的人只能生存，是无法被委以重任的。只有既能发现工作中的问题又愿意付出时间和精力去尝试寻找解决办法的员工才是真正意义上的实干家，终会脱颖而出，成为公司的中坚力量。

中国知名的职业经理人之一唐骏就是一个实干家，他在微软工作时就充分显示出了这一点。当时，唐骏是微软公司一位普通的工程师，一次无意间，他发现Windows在语言开发模式上存在着错误，而且据他观察，除了自己之外还有几位同事也发现了这个潜在的错误，有的人甚至还提出了解决方案并上交给高层。

唐骏进入微软之前有过一段创业经历，他知道老板最不喜欢的是唯唯诺诺没有魄力的员工。老板对既能发现问题又能拿出解决方案的员工有好感，但并不会委以重任，老板最喜欢的是除了做到前面两点以外还能论证出方案可行性的员工。因此唐骏并没有直接兴冲冲地跑去把自己发现的问题告诉高层，而是静下心来，仔细思索。他不断地问自己，如果自己仅仅把一个连自己都不知道是否具有可行性的方案递交给高层，会不会引起他们的注意？答案自然是否定的。于是，唐骏决定尝试着寻找解决问题的办法。

他开始疯狂地加班。唐骏提出了一个个方案，又不断地推翻自己的方案，最后终于拿出了一个完全具有可行性的方案。唐骏觉得时机成熟了，才写了一份报告，把自己所编的程序也写到了报告中。

报告上交后不久就引起了微软高层的高度重视，并马上根据唐骏的方案去解决这个问题。唐骏的上级这样评价他说："你不是第一个发现这个问题的人，也不是第一个提出解决方案的人，但是你是唯一一个论证方案可行性的人。”

通过这个真实案例不难看出，唐骏成为优秀的职业经理人绝非偶然。在工作中，他不仅能发现问题，而且愿意主动去尝试寻找解决方案，并竭尽所能论证自己方案的可行性，再加上他的实干精神，成功必定属于他。

在实际工作中，遇到不同的难题是很正常的，这些正是检验员工是否能够达到实干标准的最佳考题。如果我们能把解决难题的过程当成一次提升自我能力的机会，愿意不断去尝试，多数都能取得圆满的结果。

左惠是北京一家五星级酒店的接待员，虽然工作比较辛苦，但她却乐在其中。一次，一位来自法国的客人向经理反映，他明天要去上海签署一份合同但现在没有机票，如果明天不能按时抵达，将会带来很大的损失。

经理不敢怠慢，马上安排左惠去解决这个问题。左惠马不停蹄地来到民航，向售票员说明了具体情况，请求提供帮助。可是售票员摇了摇头，表示无法提供帮助。

左惠心有不甘，问道：“难道没有别的办法了吗？”

售票员想了想说：“或许你可以去贵宾室试一试。”

左惠眼前一亮，觉得又有了希望，马上去了贵宾室。可是工作人员坚持没有贵宾卡就不能进贵宾室。

左惠见事情没有回旋余地，也想打道回府，可是一想到那位法国客人着急的模样及经理期盼的目光，她不想空手而回。

于是，左惠定了定心，努力思考，试图想找到一个新的解决办法，突然她灵光一现，试探着问道：“假如我不办理贵宾卡，就想直接买票，该去找谁？”

“当然是找总经理。”工作人员说，“不过，他手里的余票数量也很有限。”

左惠心中大喜，赶紧找到总经理，并诚恳地向他说明了情况。凑巧的是，总经理当天手里刚好还剩一张余票。于是，左惠顺利地买到了飞机票。

当左惠回到酒店把飞机票交给那位法国客人时，法国客人激动得一连说了十几个谢谢。

此事不久后，左惠就被提拔为领班，手下管理着近十人的团队，她的薪水也有了大幅度地增长。

不论遇到的问题多么困难，只要肯尝试，总能找到解决的办法。正如案例中的左惠一样，如果没有坚持尝试的话，根本就买不到机票。任务没有完成，自然也就不会有后面的升职和加薪了。

但凡有成就的人，不可能在问题出现的时候就已经想好了解决的办法，而是在遇到问题的时候能够积极地去寻求一个最好的解决方案，然后尽快地去落实，这才是最理想的做法。所以，在工作中遇到难题的时候，应该摒弃犹豫，拿出解决它的自信和勇气，主动尝试寻找解决问题的方案，才有可能获得更大的成功。

言而无信惹人嫌，说到更要能做到

“说”与“干”是理论与实践的关系。一方面是需要说明事情的具体原理，另一方面是需要解决的具体问题，两者结合起来就是“说到做到”的原则。说到做到说起来容易，做起来可没那么简单。工作中，很多员工说起来头头是道，貌似没有他们不知道的事情，但一旦让他们采取行动，他们往往立马就丧失了之前的自信。

能说的人未必能做到，做到的人未必会说。对于落实型员工来说，他们不允许自己坐而论道，而会选择倾听，从别人的智慧中汲取营养，继而运用到工作当中。他们总会在别人没有察觉的时候做出成绩，让人刮目相看。

美国联合保险公司业务部有一个叫威廉的员工，起初他工作业绩平平，但他从来没有着急过，还不以为然地认为，自己的才华还没有得到充分发挥。每当有同事取得良好的业绩而赢得其他同事赞赏的时候，威廉心里虽然羡慕万分，但他却总不服气地说："我的才能还没得到充分发挥，要是有机会，我一定会比他干得好！"一开始，同事们都比较欣赏威廉的这股冲劲，但时间一长却发现威廉一直没能做到大家想象中的样子，也就不再把他说的话当回事了。到最后，就连比较欣赏威廉的上级也觉得他说到做不到，从而开始怀疑他的能力。

威廉渐渐感觉到了大家的轻视，他十分苦恼，但却不知道自己的问题出在哪里。一天，他无意中看到了一篇《化不满为灵感》的文章。他被这篇文章深深地打动了，并决定将文章中介绍的积极原理运用在工作当中。

这一次，威廉没有食言，他每天都坚持不懈地出去跑业务，遇到挫折也不气馁，真正做到了说到就做。他重新拜访了以前联系过的那些客户。奇迹出现了，他居然一口气谈下几十个新的业务。这一次，他将自己的销售才能发挥得淋漓尽致，被评为公司的"王牌推销员"。

工作中，说一件事情很容易，但要做到身体力行、少说多做则比较困难。正如案例中的中威廉一样，刚开始对这个看不上眼、对那个也很不屑，总觉得自己的能力比同事强，可是说来说去，也不见他有所行动，别人自然也对他看不上眼。而当威廉说到做到，把成绩单亮出来之后，他才算是真正说到做到，从而也就重新赢得了同事和上级的尊重和信任。

一个实干型员工是没有时间闲谈的，因为一旦自己闲下来，就没有办法及时完成当天的目标。而对于那些只会夸夸其谈、说到做不到的员工，是很难把工作做到位的。

哥伦布发现新大陆之后，在一次皇室为他举办的庆功宴中，一位客人不服气地说："任何一个人只要坐上船，顺海航行，总有一天能抵达大西洋彼岸，这并不稀奇！"

哥伦布一言不发，然后拿了一个鸡蛋要求同桌客人将它立起来，客人们轮流尝试最后都失败了，鸡蛋又回到了哥伦布手中。这时，只见他将鸡蛋往桌上一敲，敲破了一点儿壳，鸡蛋就稳稳地直立在桌子上了。

那位客人依然不服气地说："要是这样的话，我们也能做到！"

哥伦布说道："没错，只要知道怎么做之后，谁都可以做到。正如我告诉你们通往新大陆的航线后，你们一样会觉得跟随是最简单不过的事情了！"

有些人认为是简单可行的事，哥伦布却证明了"说到不如做到"的重要性。工作中，很多员工就像故事中那位嘲笑哥伦布的客人一样，总认为一些工作简单，甚至还会嘲笑别人这么简单的事情都无法做好，然而等轮到他自己做的时候却发现力不从心。

落实的前提是要务实，知道自己该说什么话、做什么事，说了不做，或是一味造声势、走形式，只会误人误己。

第二章

推责任误人误己，敢担当才有作为

2014年，国务院总理李克强在十二届全国人大二次会议上作政府工作报告时指出：“要牢记责任使命，增强忧患意识，敢于担当，毫不懈怠，扎实有效解决问题，决不辜负人民的厚望。”不论治国还是工作，责任和担当都是非常重要的成功因素。工作中，遇事就把责任往别人身上推是典型的没有担当的表现。一个不肯担当的人自然不会有责任心，一旦没有责任心，就无法做好工作。我们要牢记工作使命，敢于担当。唯有如此，才能成为一名实干型员工，将工作落实到位。

没有做不好的工作，只有不负责的员工

有位管理大师曾说过：“任何的高绩效都需要你首先担负起责任，各种分析显示，所有高绩效人士的身上都有一种共同的品质，那就是他们能够担负责任。”

负责任是品质优秀的标志，负责任的员工便是优秀的员工。换句话说，一个员工之所以拥有优秀的光环，很大程度上是因为他把责任心放在了实干的首位。在强烈责任感的驱使下，他能够不断跨越障碍、克服困难，从而在工作上取得新的高度。

海尔集团是一家专注于家电领域的企业，自1984年创办至今其一直是行业内的佼佼者，海尔生产的家用电器已经成为优质产品的代名词。而海尔之所以有这样的成绩，有一个最主要的原因就是海尔的员工都能用超强的责任心去解决工作中任何一个小问题，海尔住宅设施事业部卫浴分厂厂长魏小娥就是一个典型的代表。

当时，海尔为了让整体卫浴设施的生产流程更加完善，派遣魏小娥去日本，学习当时世界上最先进的整体卫生间生产技术。学习期间，魏小娥意外地发现，一向以精益求精闻名的日本企业生产的产品合格率是99%。“为什么不能把产品的合格率提高到100%呢？”在一次讨论会上，魏小娥向日本的技术人员发问。

那位技术人员听了魏小娥的问题，笑着告诉她，世界上没有完美的产品，那1%的合格率是很多企业难以逾越的难题。魏小娥听后不以为然，她认为，有1分问题就是100分责任，要么不做，要做就要做到最好。因此，她暗下决心，一定要让海尔产品的质量标准达到100%。从此，魏小娥除了吃饭睡觉之外，把所有的时间都用在了研究资料、攻克技术难关上。交流学习结束后，魏小娥带着最先进的技术和赶超日本的信念回到了海尔。

一到海尔，魏小娥就组织人员开始对卫浴模具进行改造，希望尽快提升产品的质量。在她的带领下，卫浴生产现场焕然一新，生产流程有条不紊，更重要的是，终于生产出了质量100%的产品。

一年后，当大名鼎鼎的模具专家宫川访问海尔，看到海尔卫浴的生产现场以及没有任何瑕疵的产品，惊讶的同时也很好奇，他问魏小娥：“日本卫浴产品生产现场又脏又乱，我们一直努力改变，但效果甚微。你是用什么办法让生产现场保持得这么好？另外，100%产品的合格率我们从未达到，也不敢奢求。因为在我们看来，产品1%的废品率、5%的不良率是完全合理的。你们又是如何让产品质量达到100%的？”

魏小娥笑着说：“只要负责，没有做不好的工作。”

可见，只要有一颗强大的责任心，即使遇到再大的难题最后也能找到解决的办法。然而在职场中，有很多人从事的工作不是自己兴趣和爱好所在，工作起来就没有进取之心，浑浑噩噩度日，工作结果也是漏洞百出，给公司带来了一定的损失。这是一种缺乏责任心的表现。

吕伟和何军供职同一家公司，关系比较好。后来因种种原因，两人选择了跳槽，并凭借自身实力同时进入一家外企。这家外企有个特别的规定：不论是刚毕业的大学生还是职场精英，只要来到公司都要从基层做起，意在让员工忘掉过去的成绩，从零开始。吕伟和何军的工作就是拆应聘信件和翻译。虽然工作很简单，但工作量非常大，他们每天都非常忙。

刚开始的几天，以前从未做过这方面工作的吕伟觉得拆看别人的应聘信是一件非常有趣的事情，因此工作很认真、负责。可是新鲜感一过，吕伟就觉得每天翻看千篇一律的应聘信十分无聊和枯燥，慢慢地就忘记了自己的责任，工作也没有以前那么上心了。在他看来，每天都有这么多的应聘信，老板是不会一一查看的。而何军则不然，他觉得做工作就应该负责，这是作为员工最应该遵守的原则。再说，如果由于自己的疏忽而漏看了哪封应聘信，对于求职者来说就可能失去了一个工作机会。因此，他每天都会认真细心地拆看每一封应聘信，从不懈怠。

这天上午，正当吕伟心烦意乱地拆着应聘信的时候，接到了老板找他谈话的通知。刚进办公室，老板就微笑着对吕伟说："怎么样？工作还适应吗？"吕伟回答说："公司的工作氛围很好，在同事的带领下，我的工作也比较顺利。"老板点了点头，依然微笑着说："我知道拆看应聘信件的工作比较枯燥，但也是每个企业人事部最重要的工作啊。如果不认真拆信，我们又怎么能找到优秀的人才呢？所以，以后得认真工作啊。"吕伟一听这话，马上就明白了，老板是对自己的工作不满意，是在提醒自己。

此事过去没多久，和吕伟做着同样拆信工作的何军就被提升为人事部门的副经理，老板给的升迁理由是这样的：作为一名曾有优秀工作履历的员工，能够放下姿态、忘记过去的成绩，把拆信这份看似简单的工作做得如此完美，就是负责任的表现。公司最欢迎的正是有责任心的员工。

从这个案例中可以看出，缺乏责任心的人是无法做好一件小事的，小事做不好，更别谈做大事了。

天下没有做不好的工作，只有不负责的员工。在工作中，如果能用100%的责任心去解决哪怕1%的工作，那么，终有一天会有所做为的。

敢担当才堪当大任

敢担当，是一种精神力量，它能使人变得更加优秀，也能赢得别人的信赖，更重要的是，它还能使人成为机会的座上宾。工作中，如果你具备实干精神，但却一直得不到重用，那么就应该反省自己是否拥有敢担责的勇气。只有如此，你才有可能改变当下的处境。

在这个越来越商业化的时代，老板往往更加亲睐敢于担责的员工。因为只有这样的人才更可靠，不会见异思迁，更不会背叛公司。也只有这样的人才具备开拓精神，能用自己的才华和能力为公司带来效益。

工作中，有很多人都害怕主动承担责任会带来一系列自己无法承担的后果，因为很多时候承担更多是与惩罚相联系的。而实际上，只有不惧怕承担，敢于承担后果，才是在工作中制胜的保证。因为一个人只有敢于担当，在面对重大问题时不逃避，运用自己的智慧，积极努力解决问题，才能避免损失，甚至可以避免一些灾难的发生。

美国著名人际关系学大师戴尔·卡耐基说："有两种人绝对不会成功：一种是除非别人要他做，否则绝不会主动负责的人；另一种则是别人即使让他做他也做不好的人。而那些不要别人催促，就会主动负责做事的人，如果不半途而废，他们必定会成功。"

第二次世界大战期间，日本有一位企业经营者的生意做得相当成功，积累了非常丰厚的资产。然而天有不测风云，正当他春风得意之时，第二次世界大战爆发，日本经济出现了大动荡。许多日本企业在这场危机中纷纷倒闭，这位经营者虽然拼命维持企业的运转，但仍以失败而告终，最后他负债累累，不得不宣布破产。银行得到这一消息后，马上派人前来催债。

为了还债，他将所有的家产变卖，甚至还准备把太太的戒指卖掉。生意场上失手的人，清理时总还是要留下些财产以维持生计，这是人之常情，而他则是把所有值钱的东西都拿了出来。他的这种做法就连银行的人都感到吃惊和佩服，后来在别人的劝说下，他才留下一小部分钱财维持日常生活。

第二次世界大战结束后，日本经济开始逐渐恢复，他抓住了这次机会，很快东山再起，又一次成就了自己的事业。

这个案例再次向世人证明，只要肯担当，不论身处何种逆境，总有一天会翻身，创造出属于自己的奇迹。同理，员工要想在公司中脱颖而出，首先要勇于承担责任。这种承担不仅仅表现在接受任务、执行任务上，更要在进行任务时负责，出了问题之后要勇于承担责任。否则，将永远只能做一个普通的员工。

主动负责有作为

主动承担责任是一个人不可缺少的品质，一个人若能主动承担责任，那么他就掌握了打开成功之门的钥匙。在工作中，员工如果能主动承担更多的责任，即使从事再平凡的工作也会做得很好，而越是这样做越容易赢得新的机会。

曾秀芳为了爱情，辞掉家乡的工作，来北京投奔男友。经过短暂的休整后她就开始找工作。不久，她接到了一家大公司的面试通知。经过激烈的竞争，曾秀芳以优异的表现打动了面试官，与另一个女孩同时留在了公司。首战告捷，但曾秀芳与另一个女孩还得经历为期三个月的试用期。试用期结束后，公司会根据两人的表现予以取舍，留下的人不仅能成为公司的正式员工，薪水也很丰厚。

为了争取到留用的机会，曾秀芳和那个女孩都异常努力，每天都工作到很晚才下班。就这样，三个月一晃而过，公司根据她们两人的表现进行现场打分。结果很快就出来了，曾秀芳的分数虽然很高，但与那个女孩相比，仍有几分之差。

很快，曾秀芳就接到了公司的通知，告知明天将是她最后一天上班，领到薪水后就可以离开了。对于这样的结果，曾秀芳虽然有心理准备，但心里还是有些失落。不过，她很快就调整好了心态，认为这次失败的最大原因就是自己的能力确实不如那个女孩，以后一定要加强学习。

第二天，曾秀芳像平时一样按时来到公司，默默打扫完卫生，就回到了工位上，准备开始工作。这时几位同事过来对她说："都最后一天上班了，没有必要待在这了吧？你直接领工资就可以走了。"

曾秀芳微笑着说："虽然今天是我最后一天上班，但公司也是照样付薪水的呀！再说了，我手头有一点工作还没做完，等我处理完了再走也不迟。"就这样，一直忙到下午四点多，曾秀芳完成了工作，又主动把自己的工作交接之后才去财务部领薪水。

当曾秀芳拿到最后一个月的薪水，准备离开公司的时候，却远远地被部门的李经理叫住了。曾秀芳疑惑地问道："李经理，有什么事情吗？"

李经理微笑着什么也没有说，把手中一份合同递给了曾秀芳。曾秀芳接过来一看，居然是一份劳动合同，她惊讶地看着李经理，脸上写满了疑惑。

李经理轻轻地拍了拍曾秀芳的肩膀说："小姑娘，你不用走了。我暗中观察了你一天，今天虽然是你上班的最后一天，你完全可以什么也不做，领到工资就走人。可是你没有，在没有人监督的情况下依然能够主动坚守岗位，承担属于自己的责任，这是非常难能可贵的，公司需要你这样的人。你手里的合同里面写明了职位及待遇。你先回去考虑一下，如果你愿意留下，明天就来上班。”

就这样，曾秀芳留在了公司，并更加努力地工作，翻开了自己事业的新篇章。

案例中的曾秀芳当时虽然面临被淘汰的命运，但依然能够自觉地坚守岗位，站好了自己的最后一班岗，这是一种优良品格，这种人格力量不仅能弥补自身的缺陷，也能让别人看到自己的长处，从而赢得别人尊敬。

对于实干型员工来说，除了做好自己的本职工作之外，还要善于“查漏补缺”，在不越位的情况下随时准备补位。这样的员工眼里有“活”，不需要等上级安排就能主动站出来承担工作，并把工作当成一次锻炼自己的机会。与被动接受任务的员工相比，前者更容易得到上级的青睐。

彭越是一家公司的策划人员，工作能力较强，除了完成自己的本职工作之外，还经常寻找机会做一些其他工作，希望能使自己得到多方面的锻炼。一次，市场代表小石因病住院，整个市场无人负责，公司里却没有一位员工敢主动请缨。一方面，小石能力很强，当初整个市场几乎都是他一人打下来的，人们都认为小石无法替代。另一方面，在保持现有市场的基础上开拓新市场是一项非常艰难的工作，做好了自不必说；做不好，有失颜面不说，甚至还可能会承担一些相应的后果。

彭越偏偏不信这个邪，他主动向上级提出要当“替补”的请求。上级十分欣赏彭越的冲劲，便答应让他试一试。为了做好这项工作，他起早贪黑，遇到不懂的问题就想方设法弄明白，遇到自己难以解决的难题就去请教公司里经验丰富的老员工……他的努力没有白费，一个月后，他顺利地完成了业务推广、活动策划，以及广告宣传的任务。

通过这次“替补”工作，彭越的交际能力、组织能力，以及应变能力都得到了极大的提升。更重要的是，上级也看到了彭越的潜力，没多久就调他到市场部门工作。

案例中的彭越主动出击，愿意解公司燃眉之急，最后完成任务的同时也成就了自己。不过，在当今企业制度越来越健全，员工的职责也越来越明确的情况下，能像彭越一样得到一战成名的机会并不多。那么，在这种情况下，对于一些愿意实干的员工来说应该主动做一些工作分外的事情。

职场中，有一些员工认为自己只需做好分内工作就可以了，内外之事自然会有别人负责。从表面看来，这种想法没错，甚至有一定道理。但如果仅仅做好本职工作，给自己的定位依然是一个打工者，而非创业者。而员工要想获得更长远的发展，就应该多做一些工作之外的事情，因为很多机会都是“分外”得来的。

小蓝是一家公司的文员，工作内容也比较简单，主要是向公司各个部门传达上级的命令、打印材料、撰写通知等。除了做好这些琐碎的工作之外，小蓝还主动做一些分外的工作。比如有一次，她在翻看公司的内刊时发现，公司居然没有一本完整的介绍手册，很多客户来公司考察时还得通过内刊上烦琐且零星的信息来了解公司。于是，小蓝一点一点对公司的发展历程进行梳理，并按照时间顺序为公司编了一本图文并茂的发展史。

这本手册完成之后谁也没有在意。直到有一天，老板来公司视察，无意中翻起了这本公司的介绍手册，并被丰富的内容所打动。打听到介绍手册是小蓝所做，老板感动之余，直接将她提拔为自己的助理并给她涨了薪水。

可见，一个愿意主动承担分外工作的人是很容易得到机会的，前提是你要做得足够好。正如微软前副总裁李开复说："不要只是被动地等待别人告诉你应该做什么，而应该主动地去了解自己要做什么，并且规划它们，然后全身心地努力去完成它。想一想如今世界上最成功的那些人，有几个是唯唯诺诺、等人吩咐的人？对待工作，你需要以一个母亲对待孩子那样的责任心和爱心全力投入，一步步地努力。如能做到这样，便没有什么目标是不能达到的。"

工作中其实有很多成功的机会，只要你愿意静下心来，主动承担一些责任，多做一些分外工作，幸运就会降临到你的身上。

负责到位
就要全力以赴

“全力以赴”是大家熟悉的四个字，不同的人对比会有不同的诠释。对于马拉松选手而言，是感觉体力用尽之后，再咬牙坚持一会儿；对于拳击手来说，是从地上一再爬起来，爬起来的次数总比倒地的次数要多一次。

然而，对于员工来说，这四个字虽然有些笼统和无力，但实际上能从中看出你全力以赴的程度。比如，面对同一个难题，在别人临阵退缩或半途而废的时候，你能够挺身而出，并拼尽全力地去想办法解决。在这样的情况下，这四个字不仅能够充分体现出你的实干精神，同时，它也能够帮助你解决难题并充分向同事、上级证明你的能力。

所以，决定一个员工能否在工作中做出成绩的关键因素，不在于该员工是否具备超强的能力，也不在于外界的条件是否优越，关键在于其是否能够全力以赴。一个员工只要全力以赴，即使他从事的是最简单的工作，即使他能力普通，即使没有优越的外界条件，他仍旧可以在工作中做出一番成绩来。

小米是大山里的姑娘，因家境贫寒，她上到初中就辍学了。因不甘心把青春浪费在大山里，她不顾家人的反对，坐着火车千里迢迢地来北京闯荡，想凭借自己的能力做出一番事业。

然而，因她学历低，又没有什么技能，所以没有人愿意聘用她。这天，她在街头游荡，抱着最后的希望尝试找一份工作的时候，一个老板模样的人拦住了她，问她是否愿意去他的饭店工作。听了这话，小米喜出望外，甚至激动得说不出话来，只是一个劲地点头。

仅仅一个月，小米就成了全饭店最优秀的服务员。在一般人看来，服务员这个职业太过简单，无非是为客人点菜上菜、端茶送水，看起来实在没有什么技术含量。但是小米却不一样，不论是迎接客人或者是为客人点菜，永远是一副笑脸。此外，她还记住了经常来的客人的面孔，甚至还能记住一些客人的姓氏，同时她还记住了他们喜好的口味，每次还不等客人开口，她都能说出他们喜欢的菜。

小米很快就给客人留下了良好的印象，每次客人光顾饭店总喜欢请小米服务。而小米每次总能巧妙地让顾客多点几道菜，而且她手脚极其麻利，在别的服务员只能招待一桌客人的时候，她却能独自照顾好几桌客人。

小米优秀的表现很快就引起了老板的注意，老板认为她能把服务员的工作做到这种地步是非常难能可贵的，于是决定提拔她为饭店的领班。然而面对老板的一番美意，小米却婉言谢绝了。

原来，与老板同时看中小米的还有一位常来饭店吃饭的客人。这位客人是一位投资人，他通过长达数月的观察，发现小米是个难得的人才。于是，他决定与小米合开一家饭店，启动资金由自己承担，小米除了担任经理一职之外，还能享受一定比例的股份。

那位客人果然没有看错人。小米将饭店打理得井井有条，生意十分红火。过了几年，小米在北京已经拥有了好几家饭店，她本人也被业内人士称赞为女强人。

在新员工的培训大会上，小米每次都会用自己的经历激励那些年轻人，她总对他们说："只要全力以赴，天下没有做不成的事情。"

工作中，衡量一个人是否有实干精神，就看其做事情能否全力以赴。正如案例中的小米一样，把服务员这个职业做到别人无法企及的高度，不仅是全力以赴的表现，更是对工作高度负责的表现。也正因如此，她日后才能在事业上取得那么大的成就。

有人说："全力以赴是难题的克星，因为它能让你咬紧牙关坚持下去，不论被击倒多少次，它总能支持你再爬起来。所以，只要你的工作目标已经确立，你就必须全力以赴。"全力以赴能让人把工作做得比别人更完美、更迅速、更正确；全力以赴能够充分激发你的潜力，让人不断迸发出解决问题的有效方法；全力以赴能让人抓住机会，扩大才能发挥的平台。

米开朗基罗是意大利文艺复兴时期伟大的绘画家、雕塑家、建筑师和诗人，文艺复兴时期雕塑艺术最高峰的代表。在艺术创作上，米开朗基罗一生都在努力追求完美，从未懈怠过。

1508年，教皇朱利奥二世要求他为梵蒂冈的西斯廷教堂绘制穹顶画。这是一项工程极其浩大的工作，一开始米开朗基罗不愿意接受这项工作，经过再三考虑，他决定接手这项工作，他告诫自己，要么不做，要做就要全力以赴做到最好。

米开朗基罗一个人躺在18米高的天花板下的架子上，以超人的毅力夜以继日地工作，历时4年零5个月，完成了震古烁今的伟大作品《创世纪》。整幅作品511平方米，中心画面由《创造亚当》《创造夏娃》《逐出伊甸园》等9个场面组成，大画面的四周画有先知和其他有关的故事，共绘了343个人物，其中有一百多个比真人大两倍的巨人形象，它们极富立体感和重量感。整幅画通过人与人及人与自然间的关系，歌颂人的创造力及人体美和精神美。

全力以赴的工作精神是米开朗基罗取得卓越艺术成就的根基。他的这种精神不仅让教皇深受感动，也震撼了整个艺术界。

全力以赴的工作精神是完全出于自发的，别人是强迫不来的。而要想让自己具备全力以赴的精神，首先从思想上要告诉自己，要对当下的工作负责。正如哈里·杜鲁门担任美国总统时，他的办公室门口挂着一块牌子，上面写着："责任就在这里。"

在工作中就应该保持这种态度，出现问题时，不要急于推脱责任，先从自己身上找找原因，看看自己是否已经全力以赴。只有全力以赴地工作，才能负责到位，最后才有可能使工作呈现出更为完美的结果。

推卸责任等于拒绝机会

马云曾说过这样一句关于责任的话："责任心有多大，舞台就有多大；你的责任心有多大，你就愿意为多少人承担责任。你如果愿意为公司承担责任，你愿意为同事承担责任，你愿意为天下人承担责任，你的工作一定做得好。"

由此可见，责任已经成为衡量一个人能否成事的关键因素之一。然而在工作中，推脱责任已经成为职场常态。很多员工在工作中毫无责任心，工作起来磨磨蹭蹭、推三阻四，一旦出现问题，首先想到的是把责任往别人头上推，而不是自我反省。这样连基本责任心都没有的员工，更不会具备实干精神，他们只能在找借口和推诿中混日子，最终必将一事无成。

有一则令人深思的故事：

有三只老鼠发现厨房里有一罐香油，隔着罐子就能闻到一阵油香，它们馋涎欲滴，都想尝一尝油的味道，可是那个罐子实在太高，它们根本够不着，怎样才能喝到油呢？三只老鼠讨论了一会儿，很快就想到了一个绝妙的办法：一只老鼠踩着另一只老鼠的肩膀，刚好能够到油瓶嘴，三只老鼠叠起来就能轮流上去喝油了。

商量好后，三只老鼠就按照计划行动。可是当老鼠刚踩到另一只老鼠的肩膀上，还没等它来得及喝到油的时候油瓶突然就倒了，发出的声响很快就惊动了主人。

老鼠们见情况不妙，一溜烟钻回了洞里。三只惊魂未定的老鼠平静下来之后，开始总结失败的原因。最上面的老鼠说："我没有喝到油，是因为中间的老鼠抖动了一下，我不小心碰倒了油瓶，这主要怪中间的老鼠没有站稳。"

中间的那只老鼠不服气地反驳说："这怎么能怪我呢？我之所以抖动了一下，是因为下面的老鼠抽搐了一下，责任全在下面的老鼠。"

最下面的那只老鼠也不服气地说："这事也不能怨我，我抽搐是因为我听到了外面的猫叫，于是不由自主地抽搐了一下，所以责任在猫身上。"

前两只老鼠随声附和说："对，责任全在那只该死的猫身上，和我们一点关系都没有。"

事实上，猫根本就没有叫。

故事中的三只老鼠偷油失败后，不仅没有自我反省，反而马上把责任全部推给了那只根本就不存在的猫，这样它们谁都不用承担责任。这种看似聪明的做法其实是最为愚蠢的，因为它们最后也没能实现喝油的目标。

工作中，出现问题的时候，很多人都会像故事中那三只老鼠一样，上级把责任推给下属，下属再推给同事，人人对责任都唯恐避之而不及，更别说主动站出来承担了。之所以这样，是因为人们对责任怀有逃避心理，因为主动承担责任，就意味着需要付出努力以及相应的代价。虽然推诿有时候确实能把责任与自己撇清，但更多的时候，推诿不仅无法掩盖已经出现的问题，还对解决问题没有任何益处。

美国西点军校有一个广为传颂的传统，当学员在回答教官的问题时，只能有四种回答："报告长官，是""报告长官，不是""报告长官，不知道""报告长官，没有任何借口"。除此之外，不能多说一个字。

"没有任何借口"是美国西点军校两百多年来一直奉行的最重要的行为准则，也是西点军校传授给每一位学员的一个非常重要的做事理念。它要求每一位学员想尽办法去完成任务，而不是找各种理由推诿任务。秉承这一理念，在西点军校毕业的无数学员后来都在各个领域中取得了非凡的成就。同样，一个员工要想体现出自己的实干精神，就不能寻找各种借口推诿工作，而是应该想尽一切办法把工作做到位，只有如此，才能赢得更多的发展机遇。

第三章

不做拖延的奴隶，高效才能赢得机会

“少年易学老难成，一寸光阴不可轻”，此语是南宋著名理学家朱熹的劝学之语，意思是说，人很容易变老，但学东西很难学成，所以时间一点都不能浪费。同理，作为企业员工，工作生涯屈指可数，要想在工作中取得成绩，就得珍惜工作中的每分每秒，做好时间规划，在规定的时间内完成任务，绝不拖延。唯有如此，才能成为一个工作高效的员工，也才能为自己争取到更多机会。

拖延是腐蚀成果的毒药

职场中，我们经常能听到身边的同事这样说：“这项工作太简单了，明天一上午我就可以完成，今天不着急。”或者这样说：“这个项目的完成期限不是一个月吗？不用那么紧张，晚一两天开始做也不算晚。”这些话乍听起来似乎很有道理。其实不然，即使再简单的工作，在落实的过程中难免会出现一些意外的情况，如果再去拖延，延长完成期限不说，甚至还有可能会因时间紧迫而出错，最后让自己陷入被动。

张芳是一家广告公司的策划人员，她最大的缺点就是喜欢拖延，不论接到什么工作她总是最后一个完成，因此经常被老板叫去谈话。而张芳从来没有将这点放在心上，当着老板的面再三保证下次一定注意，可是工作照旧拖延。

某个周一，张芳刚上班，老板就让她写一份产品介绍会的报告，完成时间是一周。老板还特意强调了这次会议的重要性，说到时候会有很多重要客户参加，并一再告诉张芳这个材料有一定的难度，务必要多方查询资料，这样才能写得全面。

张芳的拖延习惯已经深入骨髓，面对这样重大的工作她不仅没有压力，而且还理所当然地认为，不是有一周时间完成任务嘛，时间还早着呢，明天再着手也不迟。当天一下班，她就以最快的速度冲向瑜伽馆去上预约好的健身课。

当天晚上，张芳很晚才回家，又累又乏，匆匆洗漱之后就休息了。结果因睡得太晚没有休息好，第二天一整天都是浑浑噩噩的，自然也就难以集中精力工作了。她觉得状态不好，心想还不如等休息好了再工作。于是第二天整整一天她又什么都没干。

就这样，一直拖到最后期限的前一晚，她这才开始着急起来。张芳拿起厚厚一叠资料一看顿时觉得头大起来，但是因为时间紧迫，她不得不硬着头皮继续消化这些资料。一直到早上七点她才勉强完成了材料，但里面的一些数据之类的重要信息因实在来不及去核实，便匆忙赶到公司交稿去了。

在会议上，老板看着这份漏洞百出的资料，气得脸色铁青。而客户看着这份材料之后更是大失所望，认为公司没有合作的诚意，不然介绍产品的材料不会写得如此潦草。

此事过去后，老板虽然没有下逐客令，但是对王芳的态度却大不如从前，再也不把重要的工作交给她做了。

职场中，有很多像张芳一样的人，工作没有紧迫感，不到最后一刻绝不着急，而越是如此越容易出现错误。毕竟世界上没有一步就能到位的事情，任何工作都是由一个个小的步骤组成的，一旦拖延就会导致时间紧迫，最后不得不像张芳一样省略一些步骤，工作成果不言自明。

喜欢为拖延找借口的员工是对自己的工作缺乏必要的责任心，他们只是被动地完成工作而已，如果时间充裕，他们就会浪费；如果时间刚好或者稍微有些紧张，他们就不能按时完成工作。他们早已为自己的拖延找好了借口：“等会儿再做也不晚。”殊不知，在“等会儿”的时候，可能就会错失成功的最佳时机。只有不拖延，才有可能从容地抓住机遇，实现自己的目标。

在某所美国大学里，有位女生表现得十分活跃，经常参加学校举办的一些活动。在一次演讲比赛中，她激昂地向所有人宣告了自己的梦想——大学毕业后，成为纽约百老汇一名优秀的演员。

一位十分看重这位姑娘的老师当时也在演讲现场。演讲比赛结束后，她找到这位姑娘并问她：“你今天去百老汇跟毕业后去有什么差别？”

姑娘想了想说：“如果我一直待在学校里，肯定没有机会进入百老汇。我决定再过一年就去百老汇闯荡。”

老师又问：“你现在去和一年以后去有什么区别？”

姑娘又想了想说：“是没有什么不同，我为什么要等到一年以后呢？我决定了，下学期就出发。”

“你下学期去和现在去有什么不一样吗？”老师再次问道。

姑娘脑海里顿时浮现出百老汇金碧辉煌的舞台，以及那只在梦中才会出现的红色舞鞋。于是，她说：“我决定下个月就出发！”

“一个月以后去和今天去有什么不同吗？”

姑娘有些激动地说："给我一个星期的准备时间，下个星期我就出发！"

"一个星期后去和今天去有什么差别吗？"

老师一连串的追问彻底激发出了这位姑娘对梦想的炽热之情，她大声说："我明天就出发！"

老师这才满意地点了点头说："一味拖延，永远也实现不了梦想。机票我已经帮你订好了，你明天就可以出发了。"

第二天一大早，这位姑娘带着简单的行李奔赴闻名世界的艺术殿堂——百老汇。当时，百老汇正准备排演一个经典剧目，面向全国招聘优秀的演员。艺术家们都闻讯赶来，想抓住这个机会成就自己，因此竞争也十分激烈。

姑娘经过一番周折，终于从一位工作人员手里拿到了要排演的剧本。每天，她都把自己关到屋子里，刻苦排练。正式面试那天，姑娘用真挚的感情和出色的表演打动了挑剔的制片人，完美的表演为她赢得了女主角的机会。

姑娘终于如愿以偿地进入了她梦寐以求的百老汇，如愿地穿上了红舞鞋。如今的她已经是百老汇非常有名的演员，她就是安东尼·吉娜。

如果安东尼·吉娜也像张芳一样为自己的行动找各种借口拖延，那么也就很难实现自己的梦想。正如时间管理专家皮尔斯所说："不要以为拖拖拉拉的习惯是无伤大局的，它是个能使你的抱负落空、破坏你的幸福，甚至夺去你生命的恶棍。"

拖延是人们害怕面对难题的一种自欺欺人的表现。一时的拖延虽然能暂时免去面对难题的痛苦，但它也将会带来更长远的痛苦。由此可见，在落实工作的过程中，首先要从思想上认识到拖延所带来的一切后果。只有这样，才能积极地面对并最终战胜它。只有战胜了拖延，才能避免深陷由拖延带来的懊悔之中，保证落实工作不打折。

起跑决定后程

2014年2月28日，习近平总书记在主持召开中央全面深化改革领导小组第二次会议时发表重要讲话，指出："全面完成党的十八届三中全会确定的改革任务还有七年时间。起跑决定后程。今年工作抓得怎么样，对起好步、开好局意义重大。要把抓落实作为推进改革工作的重点，真抓实干，蹄疾步稳，务求实效。"

在田径赛场上，运动员起跑的快慢往往会关系成败。一些平时表现非常优秀、有望拿到冠军的运动员，有时候也会因为起跑稍慢而与冠军失之交臂。所以，对于运动员来说，起跑的快慢是非常重要的，甚至可以说，一步失误，步步失误，一步落后，步步落后。

工作也是如此，正如总书记所强调的一样，起跑决定后程。工作中，一个员工接到任务之后如果不能马上落实，很可能会像起跑慢了的运动员一样，影响到结果。对于富有实干精神的员工来说，立即行动是他们的座右铭。他们深知，接到一项任务后，行动越快，越能一鼓作气顺利完成任务。不可否认的是，有时候行动快并不意味着结果完美，但如果不采取行动，则绝无满意的结果可言。

毕业季，当其他同学忙着找工作的时候，童华强已经被一家大公司录取了，年薪十万元。

原来，在大学期间，童华强就已经开始在那家公司兼职了，尽管薪水不高，但他把这次兼职当成一次锻炼的机会，工作十分卖力，也做出了不少成绩，引起了公司老板的注意，所以童华强一毕业就被正式聘用了。

正式参加工作后，童华强更是全身心地投入工作，一遇到问题马上就去解决，因此一些老员工争着与他合作。有一次，公司想与外地的一个大客户达成合作，但一直未能如愿。原因是这个客户实力雄厚，想与其合作的公司很多。客户很慎重，一直在考虑到底该和那家公司达成合作。这天，老板得到消息说，那位客户有可能这两天要来这边考察，要求童华强抽时间去关注一下这件事情。

童华强深知这个客户对公司的重要性，不敢马虎，马上到客户可能入住的酒店门口等候。没想到的是，童华强刚到这家酒店不久，那位客户就到了。童华强又惊又喜，马上主动上前打招呼。客户十分惊奇地问："我这次来这儿没有提前通知任何人，你怎么知道我今天要来？"

童华强说："其实我并不知道您什么时候来，只是接到上级布置的任务之后，马上执行罢了。"那位客户听后，心头一震，当即表态说："贵公司不是想和我达成合作吗？你执行力这么强，我相信贵公司的执行力也不会差到哪里去的。我决定停止对其他公司的考察，直接与你们公司签署合作协议。"

合作协议顺利签署完后，老板十分高兴，认为童华强是个难得的愿意实干的员工，值得委以重任。以后凡是遇到一些难题，他都会让童华强去解决，意在让他得到更多的锻炼。

通过这个案例不难看出，立即行动不仅能及时完成工作，还可能迎来新的机会。而且，接到任务立即去执行，本身就是一个良好的开端，它会不断地激发我们的潜力，让我们完成一项又一项的挑战，从中获得巨大的成就感。然而在职场中，仍然有许多员工因为各种原因没能及时行动去解决问题，结果耽误了时间从而错失了成功的机会。

十几年前，卢先生还是一家进出口贸易公司的员工，工作努力认真，深得老板的信任。一次，老板收到了一份外国客户的咨询单，希望采购一批加宽加厚床上用品的套件，放在旗下连锁超市零售。这是老板一直希望达成合作的客户，因此把这个任务交给了他最信任的卢先生。

当时正是中午时分，卢先生正准备回复客户，可是同事却邀请他一起吃午饭，再加上他饥肠辘辘，就有些松懈了，想着等吃完饭再回复。可等他吃完饭后，同事却遇到了一件紧急事情需要他帮忙。等忙完一切之后，卢先生这才想起回复客户的事情，他马上联系制造商进行安排，定制样品。等一切准备好后，卢先生再次联系客户时，却被告知别的公司更早一步提交了样品和报价，人家也比较满意，所以很快就与对方签了合同并下了订单。

卢先生又急又气，他有点失态地冲客户大声理论："不是明明说好等我们提交样品和价格的吗？为什么说变卦就变卦？你知道我们生产样品需要花多少成本吗？"

面对怒不可遏的卢先生，客户不仅没有被激怒，反而十分平静地告诉他："商场如战场。我们等不到你们的及时回复就会视你们主动放弃，因为多等一天，我们也多损失一天。如果换作贵公司，难道不会这么做吗?更何况我们只是有合作意向，还没有真正签署合同，所以我们有权利这么做。"

几年后，卢先生拥有了自己的公司，每次在新员工欢迎大会上他都会把当年这段经历讲述一遍，意在提醒员工立即行动对工作的意义。在他的言传身教下，公司的员工争做行动派，一接到任务马上就去落实，公司也因此蒸蒸日上。

看得出来，案例中的卢先生颇有实干精神，也正因如此，他才能得到老板的倚重。然而可惜的是，意外的事情让他的工作没有立即落实，从而使公司最终错失了一位重要的客户。如果他因帮同事而无法抽身，可以变通一下，请其他同事代劳，最后由他把关，这样就有可能避免后来的事情。虽然这次失败是卢先生无心所为，却为他敲了一次警钟：一次不立即行动可能会带来非常严重的后果。

为了防患于未然，我们应该珍惜时间，能马上行动就绝不拖延。有句老话说得好："时间对于任何一个人都是公平的。上天给你的生命不过是许多分钟，而且还是有限的。从你出生的那一天开始，你就只有这么多分钟的生活，并且无时不刻在减少。"

我们只要有了这样的紧迫感，就能把握生命中的每一分钟。一接到任务就要立即去落实，才能保证工作能够取得完美的结果，成为一名真正实干型的员工。

今日事，今日毕

清人文嘉有首著名的《今日歌》：“今日复今日，今日何其少！今日又不为，此事何时了？人生百年几今日，今日不为真可惜！若言姑待明朝至，明朝又有明朝事。”

对于富有落实精神的员工来说，他们是《今日歌》的践行者，把“今日事，今日毕”当成是他们工作中的行为准则之一。因为他们知道昨天逝去不可追，明天还没有到来，唯一能把握的就是当下。如果今天的任务完不成，势必会影响到明天的任务，最后可能导致无法按时完成整个工作计划。

如此说来，“今日事，今日毕”是提高工作效率、保证实干的重要途径与方法。正如管理学家彼得·德鲁克所说：“真正推动社会进步的人，是默默地高效率工作着的人。”而一个高效率工作的人，最重要的一点就是“日事日毕，日清日高”。

正所谓“英雄所见略同”，连锁超市沃尔玛也意识到“今日事，今日毕”是决定企业能否有长远发展的重要因素之一。所以，它提出了著名的“日落原则”，即：“日落前完成当天的事情，是我们做事的标准。无论是楼下打来的电话还是来自国内其他分店的申请请求，都应该当天做出答复。”

美国夏威夷州的一个旅游景点有一家沃尔玛超市。有一天晚上快要下班的时候店里来了一位中年妇女。店员托马斯今天虽然有个约会，但还是遵从客户是上帝的服务原则，热情地把她迎进店里，并询问她需要什么帮助，那位妇女说明了原委。原来她家里的水管坏了，不断地往外渗漏水。如果不及时更换，水管估计有爆裂的危险。

托马斯马上带她来到了专门卖水管的柜台，找了半天，发现没有顾客所需要的水管。而此时已经过了超市的关门时间，如果换作其他商店的店员，很可能会说：“对不起，我们这里没有您要的水管，您还是去其他商店问问吧。”但是托马斯却没有这样做，他先是打电话取消了约会，然后又打电话给几个合作商，询问是否有顾客需要的水管，最后终于在一个管道商那里找到了顾客所需要的水管。

等挑选好水管之后，已经是晚上九点多了。饥肠辘辘的托马斯本可以直接打道回府，但他又考虑到顾客如果不会安装这种型号的水管，肯定会很着急。于是他便和顾客一起回到家里，亲自把水管换好，然后确认水管不再渗水之后才离开。此时已经是午夜12点了。而那位享受了贴心服务的顾客感叹地说：“我还从来没有见过这样负责的店员！”

后来托马斯的上级得知了这件事情，感慨之余，问了他这样一个问题："为什么你能主动执行公司制定的日落原则？"

托马斯回答说："如果今天的工作不能及时完成，肯定会耽误明天的工作计划。此外，我更担心如果那位顾客在换水管的时候出现什么意外情况，我的良心会不安的。"

通过托马斯朴实的回答，不难看出沃尔玛的发展壮大与无数个像托马斯一样的员工的努力是分不开的，他们早已把这个工作习惯内化于心，并时刻遵循和坚守着。

而与沃尔玛的"日落原则"有异曲同工之妙的"OEC"制度也同样能够很好地说明"今日事，今日毕"对于企业乃至个人的重要性。"OEC"管理模式是海尔的张瑞敏提出的，关于这项管理模式的诞生可以追溯到20世纪末。

1984年，张瑞敏出任海尔厂长。当时的海尔规模很小，年生产量低下，经营困难，已经到了快要破产的边缘。张瑞敏刚接手海尔，就马上找到了海尔不能发展壮大的主要原因之一——员工工作效率低下，工作始终拖拖拉拉，从不认真完成任务。

针对这个情况，张瑞敏提出了"OEC"管理模式。"OEC"是一个英文缩写，其中，O代表Overall（全方位），E代表Everyone（每人）、Everthing（每件事）、Everday（每一天），C代表Control（控制）和Clear（清理）。这个管理法可以简单表示为：每天的工作每天完成，每天的工作要清理并要有所提高。

在海尔内部推行了这种工作模式之后，海尔的全体员工，上到海尔高层，下到车间工人，每天都要明确自己的工作内容和工作标准，并需要当天完成。

在“OEC”管理制度的伴随下，海尔企业一改往日工作拖沓的作风，每个员工都会努力完成当天的工作。很快，海尔就走上了腾飞之路，从一个濒临破产的小国企发展成为今天的世界知名企业。

由此可见，“今日事，今日毕”不论对于企业还是个人都是非常重要的。在工作中，如果今天不清理，必然会积累，积累就拖延，工作积累越多越会加重拖延，最后必然使自信心受到打击。

所以，要想成为一名真正实干型的员工，首先要明白日“事日毕、日清日高”的工作方法的好处。其次，在执行任务的过程中要时时告诫自己，不可浪费时间，一定要赶在下班前完成任务。如此一来，才能让自己的工作达到真正的“日清日高”。

想得重用，就得高效

在当下人才竞争激烈的职场中，员工要想得到老板的重用，就必须做到高效工作。一个高效工作的员工身上，不仅能看到他的落实力，还能看到他的能力，因为提升工作效率本身就是一种强大的能力。

比尔·盖茨曾说：“过去，只有适者能够生存；今天，只有最快处理完事务的人能够生存。”只有效率高的人才能像挤海绵中的水那样，利用挤出来的时间做更重要的事情。这也是帕金森定律所揭示的内容之一，帕金森定律认为，一个效率不高的人会把所有的时间都用在同样一项工作上。有人会认为，把所有的时间都用在一件事情上，不是显得更加专注和有耐心吗？这种说法看起来似乎有一番道理，其实不然，一个人看似把一整天都用在一项工作上，可工作期间，他一会儿接个电话，一会儿浏览网页，一会儿和同事聊几句……这样，他一天的时间就会被肢解成无数碎片，真正的工作时间其实并不多，这也是造成他工作效率低下的原因。

小柳是一家杂志社的编辑，一次主编有意让她独立策划负责一个专栏。她知道这是一个非常难得的机会，希望能够大展身手。靠圈内朋友的介绍，小柳幸运地认识了一位名人。见面之后，她与名人相谈甚欢，那位名人当下就答应了小柳的专访请求。

小柳见轻易拿下了名人，十分高兴，可就是一直没有把专访时间确定下来，她觉得这是她第一次做专栏负责人，一定要多用一些时间把前期的准备工作做好，这样才能写出有深度的稿子，好让主编刮目相看。不过，这次小柳失算了，就在她做前期准备工作期间，另一家杂志却先她一步把这位名人的专访刊登了出来。

对此，小柳十分生气。不过，等她冷静下来之后，小柳这才开始反省自己以往的工作状态，再次意识到自己的工作效率太低。那家杂志与那位名人搭上线的时间虽然没有自己早，但是却马上就定下了专访时间，接下来的采访、写稿、刊登流程，速度很快，没有浪费一点时间。再看自己，整个专访计划既拖沓，也没有明确完成的时间，怪不得要输给对方。

小柳有股不服输的劲头，又托朋友采访到另一位话题人物，幸运的是，这次的专访非常成功，稿件刊登以后引起了人们广泛的关注。

小柳的将功补过让主编觉得她确实有些能力，便正式任命她为副主编。自从当上副主编之后，小柳的工作量激增，是原来的几倍。令人意外的是，小柳这次突然变得高效起来了，任务再繁重她都会努力在下班之前完成。

小柳为何会有这么大的转变？最大的原因在于她有了责任感，用小柳的话说："我身为副主编，如果依然像原来那样工作拖拖拉拉、不努力提高效率，那么就会上行下效，最后必然会影响到整个杂志社的士气。再说，如果我自己不做出表率，一是难以服众，二是估计要被同事私下笑为草包了。"

可见，工作成果是衡量高效与否的唯一标准。然而，不论在生活还是工作中，依然有很多效率低下的事情在上演。

《经济日报》曾报道过这样一件事：上海宝山从国外引进一项新技术，准备办一个中型的合资企业，从立项到签约，文件在14个委办、19个局之间进行了一年零三个月的传递，盖了126个公章，但手续仍然没办齐全，公章还要继续往下盖。

无独有偶，《扬子晚报》也有过这样的报道：贵州某地马上要新开一个工程，盖了176个公章仍然不能结束，严重影响了开工的时间。研究证明，真正用来处理文件的时间仅仅为七分钟，但中间太多烦琐的程序就要四天时间或者更长。

现实中，上述案例几乎每天都在上演，一个效率高的人在三分钟内就可以办完的事，另一个人却要操劳整整一天，最后还免不了被折磨得疲惫不堪。可见工作低效不仅会浪费时间，更会对人产生心理上的折磨，从而让办事情越来越懈怠，如此一来，自然就难以保证工作能取得完美的成果。

所以，要想成为一名落实型员工，在接受一项任务之后应该把任务的完成时间尽可能缩短，换句话说，就是不要把工作战线拉得太长，而是要在保证完成的质量的前提下快速完成任务。若非如此，面对一些困难或者简单的工作便会滋生惰性。

要想在职场中脱颖而出，成为公司不可缺少的员工，最理想、最实际的办法就是提高工作效率，把手中的工作留给昨天。对于上级安排的任务，要在第一时间着手处理，让工作早些瓜熟蒂落，做出完美的成果，为公司节省时间，带来效益。千万不要把昨天能完成的任务放到明天来做，那样不仅会降低工作效率，而且一旦被上级询问工作何时完成时就显得手足无措，继而匆忙上阵，眉毛胡子一把抓，这样一来就有可能出现差错。

所以，与其到处找借口，还不如马上行动起来，把任务当作一次挑战自我和提升自我的机会。只有如此，才能让自己的工作变得更加高效。

专注才能高效

一个人如果只有一块手表，可以用来掌握时间，而拥有两块或者两块以上手表，不仅不能帮人更准确地判断时间，反而会制造混乱，让看表的人失去对时间的判断，这就是著名的“手表定律”。它给了我们一个非常直观的启发：人的精力不允许被过度分散，一旦无法做到专注，必然会降低工作效率。

美国成功学大师拿破仑·希尔在他写的《拿破仑·希尔成功学全书》一书里讲述过这样一个故事：多年以前，健怡可口可乐赞助了一次运动比赛，赛场上到处张贴着健怡可口可乐醒目的商标。

比赛开始前夕，站在主席台上的荣誉总裁迪克·比格斯亲自致开幕辞：“我们非常欢迎各位来参加比赛，同时特别感谢这次赛事的赞助商健怡百事可乐。”

坐在台上的健怡可口可乐公司代表们见比格斯居然能把“可口可乐”错念成“百事可乐”，十分生气，大声抗议：“白痴！错了，是可口可乐！”

下面众多的参赛者和观众跟着起哄，喝倒彩声四起。站在台上的比格斯感到大脑一片空白，羞愧得恨不得找一个地缝钻进去。事后，他自我反省说：“我知道我应该说可口可乐，但是当时我的注意力很不集中，结果出了差错，闹出了笑话，让可口可乐公司对我产生了不满。这件事情我应该牢记一辈子，它让我知道了专注的重要性。”

这个故事说明，一个人在工作的时候如果不能专注地投入，不仅无法做到高效，而且容易出现差错。说到专注，一个在中国广为流传的故事或许能引发我们的思考。

一次，孔子带着学生去南方讲学。当时正值盛夏，酷暑难当，他们便来到一片树林里休息，树上不时传来一阵蝉的叫声。这时，一位捕蝉的老者也来到树林，他手中的竹竿像是有了魔力似的，手起杆落，没有一只蝉能逃得掉，老者捕蝉的姿态像从地上捡东西一样轻松自如。

孔子颇为惊讶，便向老者请教捕蝉的诀窍。老者说：“捕蝉必须先练好站功和臂力。捕蝉的时候，身体站在原地，要像一棵树桩那样丝毫不能动，伸出竹竿的胳膊要像大树控制树枝一样不能颤动。除此之外，人必须集中所有的精力，心中排除外界的一切影响，留下的只是蝉的翅膀。人要是能达到这种境界再去捕蝉，那就非常容易了。”对于老者的话，大家深以为然。

其实，工作犹如捕蝉，只有做到专注，才能快速而高效地完成任务。然而，在实际工作中，我们可能会因各种事情导致无法专注地去工作。那么遇到这种情况，我们又该如何做呢？其实，要想做到专注也并非难事，只要在工作中紧盯一个目标，然后剔除心中对一些琐事的挂念，努力去完成目标就可以了。正如美国政治家亨利·克莱曾经说的："遇到重要的事情，我不知道别人会有什么反应，但我每次都会全身心地投入其中，根本不会去注意身外的世界。"

我们一旦能达到这种境界，专注于某一项工作，哪怕它再小，努力做到最好总会有不寻常的收获，彭玉梅就做到了。

彭玉梅是陕西省榆林市毛纺织厂的工人，曾被评为"全国三八红旗手"和"全国劳动模范"的称号。一个普通的工人为何能两度获得全国性的荣誉称号？这还要从她专注工作说起。

在20岁那年彭玉梅被招至榆林市毛纺织厂工作，刚进厂不久她就因工作认真被派往北京接受技术培训。此时没有掌握太多技术的彭玉梅跟着小自己几岁的同事学习纺织方面的基本操作。

彭玉梅从事的工作技术难度比较大，操作时必须做到手、眼，以及身体之间灵活配合，既要换线头又要换粗纱，还必须严格按照工作流程操作并做好清洁方面的工作，这样才能保证纱条连续不断地生产出来，从而才能保证纱条的质量。在学习期间，她遇到不懂的问题就会主动请教师傅。她从接头这个基本的动作开始练起，每天兜里都会装着一根棉纱，只要一有时间就开始练习捻线的动作。刚开始，她的动作十分缓慢，后来练习的时间长了，动作也就快了起来。

四个月后，培训结束，彭玉梅带着熟练的技术回到了厂里，并开始操作当时被称为“591”的纺织机。为了尽快熟悉操作流程，凭借对工作的专注，彭玉梅故意将台车上的数百根纱线全部切断，再用手一根根重新连接起来。通过不懈的努力，她的操作水平得到了快速提升，之前连接十个断开的纱线需要一分钟，后来仅需40秒，这一度打破了工厂之前50秒的纪录，并荣获“操作能手”的光荣称号。

就这样，彭玉梅用她的专注不仅出色地完成了工作，而且也为她赢得了新的机会，2002年，她离开工作了二十多年的纺织业，被调入市盐务局，开始了她新的工作旅程。

彭玉梅从一个普通工人做起，能够在一个行业工作长达二十多年，单就她这份专注的精神就令人佩服。

所以，在进行某项工作的时候，我们一定要全身心地投入、沉浸其中，千万不能朝三暮四、三心二意。一个人只有心无旁骛、全神贯注于自己的工作，专注自己的人生目标，才会成为优秀的员工，才会在人生道路上顺利前行。

做时间的主人

人活一世不过三万天，正如我国著名数学家华罗庚曾在一篇谈及成功经验的文章《述怀》中写道："即使能活一百年，也不过三万六千五百二十四日而已。而今已过四分之三，怎能胡乱轻抛，何况还有老病无能未计，若细算，有效的工作日，在两千天以内矣。"

时间对于每个人来说都是有限的，要想在有限的时间内完成更多的工作，还要注重工作效率，这就要求我们要有效利用一切时间。员工保持高效率工作是每个企业都非常看重的一点，这也是每个员工必须具备的能力。但是，在职场上并没有多少人能真正做到高效率工作。工作效率低的人一般只有时间观念，而没有效率观念。要想把工作做到位，我们不仅要考虑时间，还应该特别关注时间的使用效率。

有个部门经理因患心脏病，按照医生的嘱咐每天工作不超过五个小时。他惊讶地发现，他在五个小时里所做的工作质量，和以往每天花费8～9个甚至是更长时间所做的工作的效果几乎相差无几。经过反思，他给出了这样的解释：由于工作时间迫于无奈被压缩，他只能不断告诫自己要在有限时间里处理完今天的工作。这或许就是他提升工作效率的主要原因之一。

很多人在工作中之所以没有效率，除去拖延之外，很大一部分原因是因为没有做好计划。所谓计划就是挑选时间、规定节律，使一切都各得其所，计划的复杂性在于如何安排一天的时间。用掉的时间应该与所做的工作相称，也就是说，占用的时间既不能太少，也不能太多。只有这样才能让自己的工作高效起来。

柳比歇夫是苏联著名的昆虫学家，他一生中发表了70多部学术著作，内容涉及昆虫学、科学史、农业遗传学、植物保护、进化论、哲学等许多领域。但是，他每天仍有10个小时的睡眠时间，还经常参加体育锻炼和娱乐活动以及各种社会活动。表面上来看，他并不吝啬时间，其实他是一个极端“吝啬”时间的人。

从26岁开始，柳比歇夫就开始采用“时间统计法”，他把每分钟、每小时自己干了些什么，时间用得是否恰当，都进行了统计记载，就像吝啬的小商人核算成本一样核算自己的时间，一直到82岁高龄，五十多年来从来没有间断过。他日有小结，月有大结，年有总结，每项工作都要计算统计时间的“成本”。正是由于制定了严格的时间表并认真实施，柳比歇夫在科研工作中实现了高效率，收获了累累硕果。

一个人在工作中如果不能把时间进行合理的计划和安排，那么他就会被工作追着跑，整天看似忙得团团转，其实工作效率也并不高。那么，怎样才能更好地利用一切时间，把握好工作的每一分钟呢？我们需要做到以下几点：

1. 每天检查时间利用率

每天工作结束后，我们应该在脑海里回想今天完成了多少任务？总共花费多长时间？是否浪费了时间？工作效率如何？怎样改进？……然后根据这些不断调整工作计划，使时间利用率得到提高。

2. 有意识地磨炼毅力

在工作中，很多人都会因缺乏毅力而不能彻底执行自己的计划，从而导致时间浪费。如果我们也有这种情况，不妨把此当成一次锻炼自己的机会，每天提高一点计划的执行力，时间长了就是一个巨大的突破。这样也就能按时完成每天的工作计划。

3. 充分利用空闲时间

许多员工都会抱怨每天上班坐车要花很多时间，那么，不妨研究一下上班路线，选择一条最短的路程，这样就能够尽早到达公司，开始准备一天的工作。平常等车时可以听段英文广播或者其他学习类节目，如果路程很远，在车上不要坐着干等，利用起这些时间做些有实际意义的事。

4. 合理安排时间表

合理利用时间可以有效地提高工作效率，有助于工作的顺利完成。所以，在日常工作中，我们应该制订一个简单明了、既可行又适宜自己的待办计划表，即使在很忙碌的状态中随意看几眼，也可对计划内容一目了然，明白接下来需要做什么事，怎样才能更合理地安排时间、利用时间。

卡耐基说过："只有善于把握时间的人，才能走向成功。"要想成为一名落实型员工，我们就要成为时间的掌控者，做好工作计划，如此才能更容易做出成绩。

第四章

态度就是竞争力，态度正才有落实

一份来自哈佛大学的研究表明："一个人的成功，85%取决于他积极的态度，而只有15%取决于他的智力和所知道的事实与数字。"工作中，当我们暂时还不具备足够的工作能力时，那么积极的工作态度也可以成为我们通往成功之门的金钥匙。

俗话说："态度决定一切。"这虽然是老生常谈的一句话，但却也是一句真理。一个态度积极的人，不论他从事的是什么工作，他都会将工作视为一项神圣的天职，并怀着神圣的使命感将它做到最好。作为员工，如果我们能以对待生命的态度去对待工作，最后工作一定会给我们同样丰厚的回报。

不骄傲：
不自满，适当清零破瓶颈

职场中，有不少人在工作中做出了一些成绩后得到了大家的肯定和赞誉，之后就开始有些飘飘然，总觉得自己是企业中的灵魂人物，因此目空一切，不把任何人放在眼里。这样的人犹如井底之蛙，看到的永远是头顶那一片天空。

工作中，如果做出了成绩，固然令人欣喜，也能增加自信，但如果一味沉浸过去的成绩中不能自拔，那就是骄傲了。一个人越是骄傲越容易故步自封，不思进取，最后终究要被淘汰。

习近平总书记曾说过："党领导人民已经取得了举世瞩目的成就，我们完全有理由因此而自豪，但我们自豪而不自满，决不会躺在过去的功劳簿上。"

“自豪而不自满”说的是我们可以为过去的成绩自豪，并树立强大的自信心，继续勇往直前；“不躺在过去的功劳簿上”则表明要客观地看待过去的成绩，不沾沾自喜，要始终保持归零的心态，重新开始，才能有新的进步。

哈佛大学校长到北京大学访问的时候讲述了一段颇为有趣的亲身经历。

有一年，在哈佛大学工作多年的校长突然觉得自己有些不适应当下的工作，便突发奇想地给自己放三个月假，去尝试体验新的生活。

他带着简单的行李只身一人去了美国南部的一个农村。他的第一份工作是在一家农场里打短工。在这里，他趁着老板不在，呼唤工友一起吸烟。有时候工作累了，他会偷偷地来到工友身边，说上几句话。他像一个老顽童一样，整天想方设法逗身边的人高兴，他从中收获了一种从未有过的愉悦。

最令人捧腹的是，他离开农场后又在一家餐厅里找到了一份刷盘子的工作。只是这份工作他仅仅干了四个小时，老板就用同情的口气说：“可怜的老头，你这把年纪刷盘子太慢了，你被解雇了。”

就这样，在三个月的时间里，他干过许多不同的工作，尽管每份工作干的时间都不长，但他确实从中体验到了以前从未有过的新奇感觉。当他重新回到哈佛后，惊奇地发现原本有些枯燥的工作现在突然变得有趣起来。

更重要的是，这三个月的经历让他对自己有了一个全新认知：自己原本引以为傲、令无数人敬仰的哈佛大学校长的职位，以及自己渊博的才学，在新的环境中却变得一文不值。所以，他以前内心深处的那点自满和骄傲从此消失得无影无踪，他变得比以前更加谦虚和好学，因而得到了更多学生和老师的爱戴。

哈佛大学校长有趣而特殊的经历揭示了这样一个道理：如果你的“杯子”里面已经被“成绩”“经验”等东西塞得满满当当，而又不能及时归零时，就容易变得骄傲，如此一来，自然不会装入更多新的东西，也不会有更大的进步。而要想在工作中不断取得成绩，就应该具备归零心态，定期归零内心的自满、骄傲。只有如此，才能更好地干好工作并享受工作；反之，一旦陷入骄傲的漩涡中，就会产生蝴蝶效应，从而酿成苦果。

老王是一家公司的老员工，通过十年的勤奋苦干，终于从普通员工做到了财务总监。一开始，刚升职的老王还经常以咸鱼翻身的话题自嘲。可时间一长，他就开始摆架子，常以功臣自居，总认为当初要是没有他，公司也不会有今天，骄傲之心逐渐显现，也不愿意学习新业务，整天夸夸其谈。

后来，公司因发展需要，又招聘了一批新员工。这批新员工不仅年轻，而且个个精明能干，有着丰富的工作经验，其中有一个年轻的小伙子小张，精通财务、营销和电脑，还能说一口流利的英语，而且他工作还非常努力，经常主动加班。看着表现优秀的小张，老王感到了一股莫名的压力，与小张相比，他除了资历深之外，不论从专业水平还是反应能力都不如对方。更可怕的是，这两年以来，他一直没有主动提升自己的专业知识，应用到工作中的都是过去的经验，与喜欢接受新鲜事物的小张相比，他连自己一直引以为傲的优势也失去了。

面对这种情况，老王心想再这么下去，迟早有一天自己会被小张取代。与其坐以待毙，还不如奋力一搏。于是他开始对小张进行全面打压，不让他接触公司的核心业务，为他安排一些打杂的活。小张也明白老王这是有意针对自己，但他既没有告老王的状，也没有和他翻脸，而是依然像原来一样，努力把工作做好。

不过，老王的如意算盘没有打好，很快就遭了殃。一次，公司给财务部安排了一项账目预算工作。老王深知这项工作的难度，便想利用这次机会逼走小张，于是把这项工作交给了他，并规定不许用电脑，只能用算盘。

面对老王的刁难，小张不仅没有抗拒，反而选择默默承受。最后他仅凭一支笔、一把算盘就把账目做到了完美。

老板对小张的工作成果非常满意，同时也因老王之前在工作中犯了几个严重的错误而失望，最后决定让小张担任财务部总监，老王去做后勤部的负责人。

老王自满于过去的成绩裹足不前，以为自己是最优秀的，不把别人放在眼里，他的心犹如一只装满了水的杯子，不仅接纳不了新知识，甚至到最后都容不下比自己优秀的同事。他发现自己的问题之后，如果能放下姿态继续学习，重用同事，或许还能得一个伯乐的美名。然而可惜的是，他不仅没有这样做，反而处处打压同事，犯了职场大忌的同时，也失去了人心。

可见，一个人如果被骄傲自满占满了内心，不仅不会继续进步，反而会产生更多嫉妒、狂妄、排斥等不良心理。这样一来，势必会造成更为严重的后果。所以，归零心态对一个员工长期的发展有着重要的意义。正如海尔集团首席执行官张瑞敏所说：“我们主张产品零库存，同样主张成功零库存。只有把成功忘掉，才能面对新的挑战。”也只有长期保持归零心态，才能突破成长瓶颈，迈上职业发展的新台阶。

不要滑：
聪明像漂亮的糖纸，认真才是内核

职场中有相当一部分人认为工作就是老板变相“剥削”自己的一种手段，因此只要一有机会就偷奸耍滑，并为此沾沾自喜，以求心理平衡。除了不努力工作之外，他们还嘲笑那些努力工作的同事，觉得对方太傻。其实，聪明与否仅有一线之隔，成为愚蠢之人还是聪明之人全在于我们自己的选择。

这个世界上几乎不存在不劳而获的事情，纵观古今中外，那些名留青史的人在事业上取得的所有成就都是通过自己努力工作得来的。德国历史上被称为“铁血宰相”的奥托·冯·俾斯麦曾说过一句令人印象深刻的话：“我对青年的劝告只用三句话就可以概括，那就是：认真工作，更认真工作，工作到底。”这位在19世纪统一德国的政治家和外交家在为青年指明成功之路时，仅仅用了三句同样的话，着重强调了认真工作的重要性。

认真工作就意味着要实干，要懂得落实的重要性，这也是成功的唯一方法。而那些喜欢在工作中偷奸耍滑的员工愚蠢地把自己的聪明才智用错了地方，工作不认真，最后往往是聪明反被聪明误，只会落得一个可悲的结果。在职场中，想通过偷奸耍滑来升职加薪或者赢得上级的重用，无异于是痴人说梦。

要想在工作中取得一定成就，首先要明白，聪明只是一张漂亮的糖纸，认真才是实干的内核。只有摆正心态，剔除偷奸耍滑的想法，踏实、认真地工作，不断积累经验，最后才能集腋成裘、积沙成塔，踏上成功之路。

汤姆·布兰德起初只是美国福特汽车公司一家制造厂的杂工，32岁时就升到总领班的职位，成为福特公司最年轻的总领班。汤姆·布兰德能取得这样的成绩，与他始终认真工作的态度是分不开的。

汤姆·布兰德20岁时进入了福特汽车制造工厂。从上班的第一天开始，他就对工厂生产流程做了详细的调查和了解。他知道一部完整的汽车，从零件的组装到出厂，大约需要13个部门联手合作才能完成，而每一个部门的工作又完全不同。

了解到这些情况后，聪明的汤姆·布兰德就想：要想在汽车领域内干出一番事业，必须熟悉整个汽车制造的流程和工序。于是，他主动向公司提出申请，愿意从最基层的打杂工作做起。当时福特汽车公司的杂工还不是正式工人，不仅薪水低，而且没有固定的工作场所，哪里有杂活汤姆·布兰德就要及时去干。但正是在这份工作中，他与工厂的各个部门多少都有了一些接触，并对各个部门的工作性质有了初步的了解。

汤姆·布兰德干了一年多的杂工后，又申请调到发动机部工作。没过多长时间，他就学会了组装发动机的技术。后来他又申请调到车床部、椅垫部、车身部工作。在不到五年的时间里，他几乎做过工厂里所有部门的工作。最后他又申请调到装配线上去工作。

汤姆·布兰德的老父亲见儿子工作这几年干的都是一些杂活，不禁开始担心他的前途：“儿子啊，你都工作五年了，可总是做一些喷漆、制造零件的小事，你觉得再这样下去会有前途吗？”

汤姆·布兰德笑着解释说：“老爸，这您就不懂了。我的目标并不是当某个部门的小头目。我是以领导整个工厂为目标，所以必须多花一些时间去了解生产制造汽车的整个流程。我正在把现有的时间做最有价值的利用。我要学的，不仅仅是如何制造汽车的某个零件，而是如何制造整辆汽车。”

当汤姆·布兰德觉得自己具备了一定领导才能后，决定在装配线上大干一番。这时，他的优势就显现出来了，因为他熟悉制造零件的流程，也能辨别出零件的优劣，这为他的装配工作提供了很大的帮助，没有多久，他就成了装配部的主心骨。很快他就晋升为装配线的领班，并逐步成为15位领班的总经理。

中国有句古语叫做：天道酬勤。意思是说，上天会按照每个辛勤付出的人回报相应的酬劳。一分耕耘，一分收获，只要愿意付出足够的努力，那么就算付出的努力暂时没有获得回报，将来有一天也会得到相应的回报。有付出就有回报，这是一条亘古不变的真理。不管从事什么工作，都要认真努力做好。

我们不能因羡慕别人的成绩就想走捷径，因为工作中没有捷径可走。天鹅之所以能在水中展现出轻松优美的姿势，是借助于水下脚掌不断划动。我们不能只注意到它表面的优美，就忽略了它在水中不断努力划水前进的双掌。把聪明才智用在“刀刃”上，认真做好眼前的工作，成功才能水到渠成。

不抱怨：
挑工作的“毛病”不如挑自己的“毛病”

生活和工作中随处都能看到抱怨的人，他们不是抱怨自己命运不好，就是抱怨工作不好做薪水还很低。在他们看来，这是个不公平世界，为什么别人能找到那么好的工作？为什么别人能拿到那么高的薪水？为什么好事总是落在别人身上，没有自己的份？

英国著名物理学家史蒂芬·霍金说过：“气恼我自己的残障，是在浪费时间。人生必须不断往前走，而我到目前为止表现得还不错。如果你一直在生气或抱怨，别人也不会有空理你。”其实，世界上没有绝对令人满意的工作，所谓的公平和机会都是自己争取的。尤其是工作，就是通过不断解决问题彰显自己自我价值，从而实现人生价值的一种有效途径。所以，只有停止抱怨，转变心态，积极努力地去面对工作，才能有一番收获。

职场中，有不少员工自命不凡，小事不愿意做，大事又做不来，还整天抱怨自己生不逢时的员工，总是找不到好工作。而对于实干型的员工来说，不论他在什么工作岗位上，从来不会有一句怨言，而是努力把工作做好。有位澳大利亚少年从15岁开始就在一家麦当劳打扫厕所；19岁那年成为澳大利亚最年轻的麦当劳店面经理；27岁成为麦当劳澳大利亚公司副总裁；43岁成为第一位非美国人的麦当劳公司掌门人，也是麦当劳最年轻的首席执行官。他就是麦当劳历史上的传奇式人物——查理·贝尔。

贝尔早年家境贫寒，在麦当劳打扫厕所时，他不但没有抱怨工作很脏很累，反而还很认真踏实地干活。当时麦当劳澳大利亚公司的奠基人彼得·里奇把贝尔的行动看在眼里，他告诉贝尔："清洁是麦当劳的四大经营方针之一，你从事的是麦当劳最伟大的工作。"贝尔由此懂得了自己工作的意义，他常常是扫完厕所接着就擦地板。彼得·里奇于是推荐贝尔参加了麦当劳职业培训。培训结束后，里奇又把贝尔安排在店内各个岗位"全面摔打"。就这样，贝尔从扫厕所开始，一步步晋升为公司高层。

一个没有学历也没有特殊背景的人最后为何能成为麦当劳全球掌门人？很大一部分原因是因为贝尔并没有轻贱和抱怨自己所从事的打扫厕所的工作，而是把这份工作当成自己事业的开端并努力做到最好，最后终于获得了成功。

可见，一个人如果想在工作中做出一定成就，首先应该做到不抱怨，因为一味地抱怨不仅解决不了问题，只会让事情变得更加糟糕。与其处处挑工作的毛病，还不如挑挑自身的毛病，并努力提升自己的能力，只有这样才能迎来新的机会。

王文娜和李琴是一家公司后勤部的同事，当年她们几乎是同时来到这家公司的，属于公司的老员工。

可是这两年来，公司开始陷入发展瓶颈，整体收益下滑非常严重。老板决定对公司部门进行合并、裁员以节省开支，后勤部自然首当其冲，王文娜和李琴都是被裁员的对象，她们接到通知，尽快完成工作交接，一个月后马上离职。

李琴每天都在不停地抱怨自己的不幸遭遇，又觉得反正自己都是要被解雇的人了，就没必要认真工作了。于是，在最后一个月，她不是迟到就是早退。

相比之下，王文娜的表现则完全不同。首先关于解雇这件事情，不论是谁偶尔提及，她都会波澜不惊地说："不论哪家公司裁员，被裁的肯定是那些能力不足的员工。看来，我还得继续努力学习啊。"除了从不抱怨之外，王文娜依然像往常一样认真地工作。也有的同事问她："你下个月都离职了，为什么还这么卖力工作？"

王文娜笑着说："当一天和尚撞一天钟嘛！更何况这最后一个月也是有薪水的，我总要对得起自己的良心！"听了王文娜的回答，同事们不禁暗暗挑起了大拇指。

一个月的时间很快就到了，李琴怀着怨恨之情如期离职，而王文娜却意外地被留了下来。原来，老板当初打算将王文娜和李琴同时裁掉，但现在一看王文娜的表现，便决定重新将她留下。老板对王文娜说："面对被裁的命运，你没有抱怨过一句，这是非常难得的。你为自己赢得了一份永远的合同。”

面对相同被裁命运的李琴和王文娜，一个怨气冲天，一个挑自己的毛病，两人相比，高下立现。由此可见，在工作中遇到困难的时候，最应该做的是像王文娜一样反省自身，找到不足之处并努力弥补，这样才能赢得重新面对困难的机会；反之，如果向李琴一样到处抱怨，最终只能做一个失败者。

企业家崔万志虽然天生残疾，却能高呼：“不抱怨，靠自己。”这不仅是他成名的演讲主题，更是他不屈服命运的宣言。他经历坎坷无数，做过小贩，开过书店、百货店、网吧，均以失败而告终，尽管如此，他从来没有抱怨过，依然坚忍不拔地冲锋在创业路上，后投身互联网，最终大获成功。他创办的蝶恋女装品牌于2010年被阿里巴巴评为全球网商三十强，他本人被评为2011年“安徽年度十大新闻人物之一”。

无数事实证明，在工作中，只有停止抱怨，改变心态，积极地面对工作，最后才能成为真正实干型的员工。一味抱怨，只能离自己的目标越来越远。

不虚度：
今天混日子暗得意，明天生悔意

职场中不缺乏混日子的员工，从表面上看，这类员工也会按时上班，但在实际的工作中，他们缺乏主动性，从来不会主动请缨，只会坐等上级安排任务；对于任务，他们也是马虎完成，不求有功，但求无过。

下班后，他们不是把自己关在屋内打游戏，就是呼朋唤友混迹饭局，从来没想过通过自学提升个人专业知识和技能。他们混在当下，觉得工作轻松，白白混公司的薪水，自鸣得意并嘲笑那些卖命工作的同事。几年混过去之后，他们才发现当年与自己同时起步的同事要么升职要么加薪，而自己不仅与这些无缘，而且还悲哀地发现，在职场新人的冲击下，他们不论是年龄还是个人竞争力都毫无优势，悔恨之余可能还要面临被解雇的命运。

职场中，有一部分员工有良好的学历且整体素质不错，虽然容易得到上级的赏识，但同时也会受到环境的影响，成为一个混日子的员工。而一旦沦为混日子型的员工，那么不论制定了多么伟大的目标和计划，都会被滋生的懒惰所分解，把仅存的才华浪费掉，最后面临被淘汰的命运。

对于一个实干型的员工来说，他们不想也不愿意混日子，因为他们知道，一旦开始混日子，不仅无法提升自己的能力，而且更可怕的是，终有一天，自己会被更年轻、更优秀的职场新人所替代。所以，他们从不推开工作上的压力，反而还要给自己制造一些压力。适当的压力能使人时刻处于一种主动积极的态度，也才能直面问题直至解决问题。

奇虎360公司董事长周鸿祎曾说过这样一段振聋发聩的话："如果你混日子，对不起，实际上你是混自己。在很多大公司混的人很多，但是你能混老板多少钱？你一年年薪十万元，十年仅仅混老板一百万元。对很多公司来说，被混走一百万元根本造不成多大损失。可是如果你十年不好好工作，荒废了十年。十年以后公司可能倒闭了，或者发现你是混日子的员工选择把你炒掉，你怎么办呢？你觉得你有竞争力吗?"

周鸿祎一连串的发问一针见血地指出，混日子的人就是在混自己。而周鸿祎之所以能在互联网这片蓝海中创造出属于自己的一番事业，是与他坚决不混日子的观念有极大关系的。

当年，周鸿祎大学毕业时面临两个选择：一是去南方某家银行工作，待遇十分优厚；二是去北京方正集团工作，月薪800元，只能住在地下室里。他毫不犹豫地选择了后者。因为在周鸿祎看来，只有到真正的电脑公司工作，才能不浪费自己青春和才华，也才能学到更多知识。

于是，他从方正集团一名普通员工做起，十分拼命地工作，很快就开发出了当年风靡一时的“飞扬电子邮件”这款产品。因为业绩突出，仅用了三年，周鸿祎就被提拔为方正集团研发中心副主任。

紧接着，周鸿祎又觉得在方正集团学不到更新的东西了，干脆辞职创办了属于自己的公司，只是没过多久就被雅虎中国收购，虽然他出任了总裁，但最终还是毅然离开，再创了现在的奇虎360公司。

在回忆起自己还是一名普通的员工的时候，周鸿祎说：“当年不论我在方正集团工作，还是在雅虎中国工作，我和别人最大的不一样在于，我从来不觉得我在给他们打工而是为我自己干。因为我干任何一件事时首先考虑的是，我通过干这件事我能学到什么东西，学到的东西是别人剥夺不走的，客观上也就给公司创造了价值。”

职场中，如果人人都能像周鸿祎当年一样，抱着不混日子的态度，把所从事的职业当成事业去做，那么每个人都有机会做出一番事业。虽然事业和职业只有一字之差，却有天壤之别。把工作当作事业的人会全力以赴，而把工作当作职业的人会全力应付。如果一个人能够把工作当成事业来做，那么他的事业已经成功了一半。

吴昌勇是一家外贸公司的主管，薪水丰厚，深得上级的欣赏和重用。他和别人分享成功经验时曾总结说：“我之所以能取得如今小小的成绩，是与我当年刚参加工作时抱着不混日子的心态分不开的。”

原来，当年吴昌勇来公司报道的时候，恰逢当初面试吴昌勇的领导着急出差，没时间给他安排具体工作，只是让他先熟悉一下公司的环境。

初涉职场的吴昌勇两眼一抹黑，看着周围忙碌或者清闲的同事，都不知道自己该干些什么，总觉得自己在扮演一个尴尬的角色。不过，好在吴昌勇是个机灵的小伙子，他开始主动帮助同事做一些送资料、打印材料等力所能及的工作。此外，他每天都会第一个来公司，把办公室打扫得一尘不染。

在参加工作前，吴昌勇下定决心一定要把工作当成自己的事业。他也曾憧憬与同事进行业务讨论，在会议上发表自己关于业务方面的观点，或者单枪匹马与客户谈判，并成功达成合作……然而，回归现实，总让吴昌勇心理有不小的落差。即使如此，吴昌勇还是不断告诫自己，不能因为自己暂时没有工作任务就开始混日子，也不能因为自己是新人就像一些清闲的同事学着偷懒。在这样的自我暗示下，吴昌勇依然像往常一样尽心尽力地为同事服务着，同事们也挺喜欢勤快的吴昌勇。

半个月后，领导终于出差归来。第二天，领导找吴昌勇谈话："听办公室的同事说，你在这半个月表现不错，我决定提前让你转正，成为公司的正式员工。"

领导的话让吴昌勇十分欣喜，没想到把小事做好也能得到同事们的认可。这也让吴昌勇更加坚定了不混日子，把工作当事业的想法。那时候，因为吴昌勇是新人，薪水并不是很高，但是，吴昌勇坚信，只要自己够努力，未来一定会好的。所以，他经常看一些市场营销的书籍，不断充实自己。

一次，吴昌勇照例送一份公司订单。吴昌勇有个习惯，不论每次送的是什么资料，他都会把自己当成制作订单的领导把资料看一遍，这样既能安慰自己疏离业务工作的处境，又能从中学习领导的做事思维。没想到，这次看完后他居然发现了一个严重的错误。吴昌勇赶紧向领导汇报，领导仔细核对，脑门上惊出了一层细密的汗，他告诉吴昌勇："这个错误如果不及时纠正，将会给公司带来无法估量的损失。"

事后，领导当着全公司人的面表扬的吴昌勇，并给他涨了薪水。吴昌勇无形中为公司避免了一笔损失，但他并没有因此而沾沾自喜，而是更加努力地工作。两年后，因表现出色，吴昌勇被提拔为部门主管。每次有新人入职的时候，吴昌勇就会讲述自己当年的经历，并告诫那些新人：“别混日子，小心以后被日子混了你。”

可见，在工作中，唯有端正态度，不用混日子的心态去对待工作，而是把工作当成属于自己的事业努力完成，才有可能在不久的将来成就一番事业，也才能避免将来的后悔不迭。

不打折：
凡事不能“差不多”

这个世界上完美的事情虽然很少，但并不妨碍我们有一个追求完美的心态。如今，很多人在工作中缺乏对完美的执着追求，总觉得工作差不多就行了。在这种心态的驱使下，许多员工最后都丧失了实干精神，工作时也不求精细、不求彻底，结果往往是差之毫厘，谬以千里，从而导致工作中的失误。可见，“差不多”其实“差远了”。

要想成为一位实干型员工，首先要树立“差不多”就是“差得多”的观念，必须牢牢记住，工作只有不打折扣地去落实，才能取得既定的成果和目标。正如海尔张瑞敏所说：“什么是不简单？能够把简单的事千百遍都做对，就是不简单；什么是不容易？能把大家公认的非常容易的事认真地做好，就是不容易。”而在实际中，从不怀着“差不多”的态度去工作的德国人就值得我们学习。

一家公司从德国订购了一批先进的设备，在后期设备调试的过程中，德国工程师发现设备上有一颗螺丝钉歪歪斜斜地拧在设备上，但是紧固度没有问题。同时，中国的工程师也发现了这个问题，但只是无所谓地说：“这不是什么要紧的大事，所有设备上的六角螺丝的紧固力度不可能都一样，差不多就行了。”德国工程师听了，摇摇头说：“虽然暂时不会出现什么大问题，但时间一长，恐怕就会出大问题。再说了，安装这个螺丝钉的时候也没有遵循标准流程。所以，必须重新把螺丝拧一次。”

后来有人专门针对此事做了调查，结果发现，螺丝之所以被拧歪了原因完全在于工人身上。设备上的螺丝比较大，必须由两个人配合，一个固定扳手，另一个紧固螺丝。而我们的工人却是一个人紧固螺丝，另一个在一旁休息。

同样是拧螺丝，中国工程师却和德国工程师有着截然不同的工作态度。由此可见，在很多情况下，一个员工之所以无法实干的最大原因，不是不具备技术、能力乃至设备上的优势，而是缺乏“差不多”就是“差得多”的认真态度。

汕头大学校董事会名誉主席李嘉诚在汕头大学2006年毕业典礼上的致辞以《打倒差不多先生》为主题。他表示："我最近重读了胡适先生1924年所写的《差不多先生》，差不多先生若真有其人，他早应该不在人世。"他接着说："现代科学至今还未找到人死复生的灵丹妙药，何以独是差不多先生能成功存活于世？"他说："也许胡适的差不多先生已变异为病毒，通过散播，感染越来越多人。病毒强烈的僵化力使脑筋本来聪明的人思想停滞不前，神志昏沉，虚度其漫无目的又无所期待的庸碌日子。"

李嘉诚又强调："当我重读这篇名著后，令我惊骇的不仅是差不多先生可怜的愚昧，更糟的是旁人接受如此荒谬的存在方式，还企图自圆开脱，这种扭曲式的浪费智能的行为足以令人哭泣。"他说："医生准确断症是病人痊愈的起点，差不多是一种折损人灵魂的病，令人闲散。要知道，人的生命光辉需要凭仗自我驰骋超越。各位同学，如果你不愿被命运扣上枷锁，你必须谨记，活着是一种参与，你要勇于思考、尊重科学、尊重原则，能感受、有追求、有关心，能经得起考验，骨中有节，心中有慈，心中有爱。"最后，李嘉诚说："终我一生，我将毫不含糊和不变地活出我精神力量的华彩和我血肉热切之心！我是绝对不会成为差不多先生的，你们呢？"

从李嘉诚的致辞中，我们能深刻体会到，"差不多先生"在工作中还是很常见的，或许在不经意中你自己也在扮演这样的角色。反省一下自己吧，是否经常对自己制定的计划做出让步？觉得差不多就行？如果是，赶紧与"差不多先生"划清界限吧，把这种对自己不负责任的态度丢掉，认真做好每一件工作。

第五章

蛮干费力又不讨好，懂实干更要会巧干

要想推动事业的发展，在工作中开创新局面，除了发扬“老黄牛精神”坚持实干之外，还必须会巧干。人们常说：“一件事情需要三分苦干加七分巧干才能完美。”工作时，只有做到心中有底，手上有法，脚下有力，才能真正做出成果来。

工作之所以要巧干而不蛮干，一个很重要的原因是：增加工作的针对性，提高工作效率，以达到事半功倍的效果。巧干意味着从全局出发，不盲从，在实践中不断学习，不断总结经验教训，从而提升自己解决问题的能力。如果说实干是巧干的前提和基础的话，那么巧干就是实干的必然归宿。两者紧密结合，不可或缺。所以，我们既要懂实干，更要会巧干，实干加巧干才是会干。

巧干能捕雄狮，蛮干难捉蟋蟀

俄罗斯有这样一句谚语：“巧干能捕雄狮，蛮干难捉蟋蟀。”这句话道出了这样一个真理：蛮干不如巧干，实干不等于蛮干。在电视剧《射雕英雄传》里有这样一个情节：女主角黄蓉被一个巨大的海蚌夹住了脚，费了很大的劲也掰不开，结果抓了一把细沙放到蚌壳里面，蚌就自己打开了，因为蚌最怕的就是细沙。这就是民谚所谓的“卤水点豆腐，一物降一物”。

在实际工作中，很多员工都有这样的误区：他们认为，在工作量与成功之间存在着一种直接的联系，投入的人力、物力、财力和精力越多，获得的成绩就越大，事实并非如此，很多工作如果不能学会巧干，即使投入再多也只能是事倍功半。

一天，一家建筑公司的一名员工提着一只笼子，笼子里装着两只小白鼠，来找主管报销买小白鼠的钱。主管不明就里，问其原因。

员工答道："我们公司新建起一栋办公楼，需要安装电线。我们要把电线穿过墙壁上的管道，这条管道长为30米，直径是3厘米，并且拐了好几个弯。到昨天为止，同事们还是没有想到解决的办法，最后我想到了一个好主意。我从商店买来两只小白鼠，一只是公的，另一只是母的。然后我把电线绑在公老鼠的身上，把它塞到管道中，另一名同事把母老鼠带到管道另一端，并且让它叫出声音来。公老鼠一听到母老鼠的叫声，就会顺着管道去找它，这样，公老鼠就替代我们拖着电线穿过了整个管道。"

主管听了员工的解释，心中大为欢喜，并对这位爱动脑筋的员工大加赞赏。

其实，工作中有许多问题看起来并没有想象中的那么难，我们有时候只需要多想一步，可能就能顺利地找到解决的办法。正如案例中的那位员工一样，遇到问题时首先不会蛮干、不和问题纠缠，而是跳出常规思维，迂回地解决了问题。

工作中，我们要想取得成绩，就要学会巧干，巧干不仅能提高我们的工作效率，也能在最短的时间内解决问题。不过，需要注意的是，巧干不是投机取巧，巧干需要与实干结合起来，最后才能产生巨大的效益。黄罗轩就是一个既懂实干也懂巧干的典型代表。

黄罗轩是湛江航标处养护中心的一名职工，迄今为止，她在自己的工作岗位上已经默默付出了30年。

黄罗轩的日常工作虽然并不复杂，就是敲锈、喷沙、喷油漆，但是保养工作极为繁重，而且大多数时间都是在高温的夏天进行，工作环境比较艰苦。长时间加班加点的户外浮标保养工作让黄罗轩变得又黑又瘦。

在同事眼里，黄罗轩是一位不辞辛苦、舍小我为大我的人，只要一提起她，大家都会齐刷刷地竖起大拇指，交口称赞。有的同事说："浮标桩内的温度很高，但是她一待就是好几个小时，直到把整个灯桩保养完毕，期间只喝一点矿泉水，吃几口面包，真是太辛苦了！"

黄罗轩工作中虽然很能干，但是她从来不蛮干，她曾这样总结自己的工作经验："在工作中，蛮干是不行的，必须巧干！"在业务上，黄罗轩经常会和技术熟练的同事在一起交流，然后结合自己的工作经验，提出一些建设性的构想。为了解决浮标海上印字的困难，黄罗轩通过反复研究试验，终于想出了解决之道，她用磁铁吸附的方式，圆满地解决了固定字模的问题，使航标大保养任务得以保质保量地完成。

此外，她还设计发明了装沙箱，成功地把同事们从高强度的工作中解脱了出来，并极大地提高了工作效率。

正因为黄罗轩在工作中出色的表现，2010年，她被评为"湛江市三八红旗手"，2011年，又荣获"广东省三八红旗手"。

可见，要想开创工作新局面，获得更大的成绩，除了发扬"老黄牛"精神，坚持实干外，还必须做到巧干。巧干需要总结工作方法、工作技巧、工作艺术。巧干不是与生俱来的，它是基于对某项工作、某件事情的深刻认识和把握，是实干的升华。作为员工，我们只有在工作中，认认真真、踏踏实实、尽心尽责，实干加巧干，最后才能在为企业创造财富的同时，实现自己的人生价值。

好风凭借力，善用团队力量

众所周知，大雁南飞的时候会不时变换队形，一会儿排成一字形，一会可能就变成了V字形。这是因为大雁在飞行途中，多数情况下由一只身体比较强壮的大雁在前面引路，为飞在它身后或者两侧的雁群形成局部真空，从而降低飞行中空气的阻力。此外，领头的大雁还会不时发出叫声，像是在为身后的雁群加油打气，鼓励它们不要掉队。而在飞行过程中，一旦领头雁由于体力不支飞行变得缓慢时，雁群中就有大雁主动将其替下，带领雁群继续往前飞行。每年，大雁都是通过默契的团队协作完成两个月的长途飞行。

职场中，如果把一个团队比作一支雁群的话，那么团队成员就是雁群中的一只大雁。在工作中，如果我们不愿意与团队其他成员交流、协作，只知道独自一人面对各种问题，那么即使我们能力再强、效率再高，也难免会在工作中出错。即使最后拼尽全力完成了任务，也可能会身心俱疲，很难集中精力进行下一项工作了。

实干型员工很少会单枪匹马地进行一项工作，因为他知道，自己能力再强，也有自己的短板，唯有合理借用团队的力量，才能取长补短，最后达成完美的结果。

2005年春节晚会上，中国残疾人艺术团演员邰丽华率领20位残疾人演员表演的舞蹈《千手观音》，以其优美的韵律与造型征服了海内外观众。这群处于无声世界的可爱女孩们眼神干净明亮，她们端庄的个人气质、纤细而柔软的手与金碧辉煌的服装色彩和舞台的灯光交相辉映，呈现出一派独具魅力的景观，令观众如痴如醉。

在整个表演过程中，21个演员有着共同的荣誉感、并能团结一致、全力以赴地去传递舞蹈内在美。

实际上，在排练《千手观音》的过程中，邰丽华遇到了很大困难。她两岁时发过一次高烧，等病好了之后，她就不幸地堕入一个无声的世界。对于一个失去听力的女孩来说，要想在无法听到音乐节拍的情况下表演舞蹈，其中难度可想而知。

每当排练不顺利的时候，邰丽华就对自己特别失望，甚至还背着大家偷偷哭泣。时间一长，大家都慢慢发现邰丽华表面上虽然是一个很坚强的女孩，但内心却十分柔弱。为了让她尽快跟上训练节奏，大家想尽各种办法来帮助和鼓励她。渐渐地，邰丽华变得自信起来了，排练也更加努力了。

邰丽华的努力最终没有白费，最后她被选为领舞，带领其他成员站在了春晚的舞台上，并获得了巨大的成功。

如果没有团队里其他成员的帮助，邰丽华很难得得到如此快速的成长和进步，可以说，她今天的成功是团队整体努力造就的。舞蹈表演如此，工作更是如此。一个配合默契、精诚合作的团队往往能产生出巨大能量，正如马云所说："心在一起才是团队，这样的团队将无所不能！"

对于实干型员工来说，除了主动与团队其他成员默契配合之外，还应该最大化地发挥个人才能，充分调动其他成员的激情，使得整个团队变得更具凝聚力。当然，要想成为团队中的灵魂人物，除了具备一定能力之外，还要善于根据每个成员的特性分配任务，用其长处，避其短处，这样才能最大限度地激发其潜力。这样的团队才是真正能打也敢打硬仗的队伍。

曾经， 很多人都认为，想要修建一条从太平洋沿岸到安第斯山脉的铁路简直是异想天开，因为安第斯山脉是世界上最长的山脉，但一个叫欧内斯特·马林诺斯基的工程师却决定完成在别人看来不可能完成的工作。

安第斯山脉独特的地形地貌及海拔高度增加了修建工作的难度，加上严酷的自然环境及意想不到的危险，更使修建工作遇到了极大的阻力。每经过哪怕一小段距离，山脉就要从海平面一下子上升到一万米的高度。在如此险峻的自然条件下，要想将铁路修在一万多米高度的位置上，需要建造许多"之"字形、"Z"字形线路和桥梁，同时还要在山体之间开凿出许多大小不同的隧道。

当时很多人对马林诺斯基的这种疯狂的做法非常不理解，多数人都持看笑话的态度，但是马林诺斯基和他的团队却成功地实现了这个梦想。整个工程建造的隧道及桥梁超过一百座，其中一些被现代人视为工程上的典范。虽然在修建的过程中遇到了无数困难，但马林诺斯基始终没有放弃。

马林诺斯基成功完成了在很多人眼中不可能完成的事，他取得成功的原因，不仅是因为他的坚持和努力，更重要的是他有一个强大的团队。试想，如果马林诺斯基不能调动团队每个成员的积极性，使他们发挥出以一当十的巨大潜能，那么他也不可能完成如此浩大的工程。

21世纪是知识经济的时代，越来越要求团队合作能力。作为一个员工，我们只发挥以一当十的干劲还不够，还必须提高自己的团队合作能力，将自己彻底和团队有效地融合在一起。只有在团队的帮助下，我们才能快速成长，取得重大成绩。

打井与挖坑

在追求成功的路上，无数人付出了汗水，也付出了泪水，最后却总有人没能达到心目中期望的成功。失败者们往往会抱怨时运不济或者寻找其他借口，以寻求心理上的平衡。诚然，外在因素也可能是导致失败的原因，但它们却不是全部原因。我们在遭遇失败之后，不妨反思自我，自己是否设定了一个远大的目标并愿意长期为之付出努力？

其实，不论生活还是工作中，有的人之所以迟迟未能获得成功，很大一部分原因是他们不断更换目标，目标更换得越频繁，越难静下心来踏踏实实地努力，浪费了时间和才华，最后注定会一事无成。而那些真正意义上的成功者，多数是长年专注一个目标并愿意为之付出努力，自然也能享受到成功的喜悦。

20世纪初期，一个年轻人的名字开始被人们所熟知，他是美国历史上第一个年薪超过百万的人，他叫施瓦伯。

生于美国乡村的施瓦伯，从小家境贫穷，还未读完中学就辍学，帮助父亲做一些农活。16岁那年，他又当起了马车夫。两年后的一天，他突然问自己："难道我就这样平庸地过一辈子吗？不。"他暗暗地对自己说："我一定要通过努力改变自己的命运。"

于是他应聘到了钢铁大王卡内基名下的一家建筑工地成了一名建筑工人。一踏进尘土飞扬的工地，他便再一次发誓，一定要做同事中的佼佼者。当其他人成天骂骂咧咧地抱怨工作辛苦、薪水太低的时候，施瓦伯却默默地挥汗如雨地干活，并利用下班时间自学建筑知识。

一个夏天的晚上，施瓦伯避开宿舍中酗酒的工人，像往常一样躲在一间库房中翻看一本建筑类的书。这本书先是被他翻得卷了毛边，再后来就变成厚厚的一大本书，油光发亮，像一块刚刚烘烤过的蛋糕。尽管如此，书中还是有几个问题弄糊涂了他，他一边认真研读，一边做笔记。

这时候，巡视工地的经理走了进来，他拿起施瓦伯手中的书翻了几页；又仔细翻看了他的笔记本，看完之后什么也没说，转身就走了。

第二天，经理把施瓦伯叫到办公室问道："你学建筑知识准备干什么？"施瓦伯回答说："我想公司并不缺少只懂得干体力活的工人，公司需要的是既丰富的工作经验又有专业知识的技术人员或管理人员，对吗？"经理听了，赞同地点了点头。

但是，还是有很多工人并不理解施瓦伯的做法，认为一个工人就该做你的工作、赚你的钱，成天抱着本书能有什么用。对此，施瓦伯说："我在这儿工作，除了赚钱养活自己，我还为自己的目标和理想打工。我要让自己所做的工作创造出的价值远远超过薪资，只有这样我才能有机会获得重用！"

没过多长时间，施瓦伯就被升任为技师。后来，施瓦伯按照自己设定的目标，一步步成为公司的总工程师。26岁那年，施瓦伯已经是这家建筑公司的经理了。按理说，施瓦伯达到了在很多人看来都无法达到的目标，应该知足了。但是，施瓦伯并没有就止步不前，他又有了更高的目标，并且为此不停努力奋斗。在他39岁时，他竞选美国钢铁公司的总经理，最终以全票的支持率当选了这一职务，年薪100万美元。当时，一个人如果在一个星期内赚50美元就是一笔非常可观的收入了。

施瓦伯能在建筑工地从最底层干起，一步步成为年薪百万美元的高级打工者，是因为他心中有一个清晰的目标。由此可见，一个人只要确立一个明晰的目标，且能为之不断努力奋斗，总会有成功的那天，秦远红就是这样一个例子。

20世纪90年代初，国企改制，年近中年的秦远红和许多工人一样面临下岗。就在别人面临下岗危机不知所措的时候，秦远红却拿出两万元的家底开了一家不成规模的火锅店。小店占地30平方米，满满当当地塞了六张桌子，只有两个服务员。秦远红身兼采购、管理、服务员、调味师等数职，每天凌晨起床，一直忙到深夜才能休息。除了每天四五个小时的睡眠时间，她把所有时间都用在了工作上。

这个没有学历的下岗女工凭自己双手和努力不断地朝着目标前进。坚持努力的人总会有回报。半年后，秦远红扩建了小店，店里的桌子增加到五十多张，一举收回了之前的投资成本。

秦远红始终紧盯把店扩大的目标，先是在重庆范围内开设自己的直营店，后来又发展全国连锁加盟公司。如今，她的“秦妈火锅店”已遍布全国三十多个省市，并于2010年成功打入美国市场，企业年产值已达数十亿元。

在一次访谈节目中，秦远红谈及自己的成功经验时说道：“我干什么都特别专心，比如做火锅就一门心思做火锅。别人干干这个、干干那个，那是挖坑，不是打井。”

确实，如果把成功比作打井的话，我们需要盯着一个地方，不停歇地挖掘，最后才有可能品尝到甘美的井水；反之，如果我们因打了好久却不出水便失去了耐心，寻找地方重新打井，最后不仅可能会一无所获，甚至还有可能掉入自己挖的坑里，可谓得不偿失。

干事业如此，做工作更是如此。要想在工作中取得一定的成绩，我们必须制定一个目标。只有明确目标之后，我们才能用全部热情去完成目标。那么，怎样才能制订出合理的目标呢？主要需做好以下几点：

1. 制订工作目标

在工作中，一个首先需关注的问题就是确立的目标。工作中没有目标，就如同马拉松赛跑没有终点线，干活提不起精神，没有干劲，也就无法提高工作效率，进而完成工作。不论你的工作条件或内容如何，在制订目标的时候，都必须遵守计量性、具体性、期限性的原则。在确立目标时必须制订具体计划，也就是使用可以计量的数字予以表示，然后确定完成的具体期限。

在制订长期目标时，首先要考虑三个要素：阶段性目标、措施目标、最终目标。阶段性目标是每一个阶段要实现的短期规则；措施目标即为完成阶段性规划的具体措施方案；最终目标则是最终要达到的目的地。没有目标就不能保证工作落实到位。作为一名员工，要养成制订切实可行的目标，并力求快速、高效地付诸实施的良好习惯。因此，为了切实地完成工作，员工必须为确立目标、实现目标而不懈努力。如果能明确地将目标划分为长、中、短三阶段，那么实现目标就非常容易了。

2. 制订工作计划

确立目标以后，还要有计划。缺乏计划的落实，只会产生“浪费、忽高忽低、不合理”的涣散局面，消极的态度必定导致工作上的失误。计划是一门艺术，如果能够按照计划去进行工作，再困难的任务也能完成。制订工作计划也讲究一定的方法，主要包括以下几个方面：

一是是否具备实现目标所需的条件。人力、物力、时间、财力、信息是实现目标的必备条件，这些条件自然受实际情况的限制。在制订工作计划前必须搞清楚，实际情况对上述条件限制到什么程度。

二是力求工作计划的完善。工作计划是行动的指南，因此要经常修改。为了提升工作计划的品质，需时刻具备问题意识，及时发现问题，予以改进。

三是制订工作计划的具体安排。工作计划一经制订，应马上做出安排。这时应尽量发挥主观能动性，开动脑筋，考虑采用哪种方法才能使计划变为实际的行动。

四是广泛征求意见和建议。在制订工作计划的时候，一个有效的方法是广泛征求领导、前辈等人的意见与建议。

总之，工作任务的出色完成和有效落实，离不开目标的确立和计划的有效实施，我们要把明确目标、制订有效的行动计划作为一种习惯，在日常工作中坚持下去。

低头拉车前行时，也要抬头看看路

在穿衣服的时候，如果第一颗扣子扣错了，那么下面的扣子也会跟着扣错。同样，在工作中，如果一开始选择的方向就有错误或者有偏差，那么接下来不论我们付出多少努力，也很难达到自己的目标。

要想达到一个目标，既要做到踏踏实实“低头拉车”，也不能忘记“抬头看路”。“埋头拉车”与“抬头看路”是辩证的两个动作，只顾埋头拉车，不抬头看路，肯定拉不好车。相反，如果只抬头看路，不埋头拉车的话，车又动不了，就不能到达目的地。

梁赐芳是广州市第一人民医院耳鼻喉科主任医师，是我国第一只人工电子喉的发明者。

梁赐芳自幼就有当医生的理想。1952年，梁赐芳毕业后分配到广州市第一人民医院工作，从此开始了长达60年的医生生涯。

那个时候，无论医院的技术还是医疗设备都非常落后，尤其是耳鼻喉科，医疗设备更是又老又少，导致很多手术都无法进行。后来梁赐芳听说美国发明了镫骨切除术治疗耳硬症的技术，能够有效地治好耳聋患者。但这套医疗器械十分昂贵，如果直接从美国引进的话，需要四万美元，医院当时根本就没有这么多钱。梁赐芳看着有了新技术却不能为病人所用，他心有不甘的同时，决定自己动手做一台机器。

确定目标之后，梁赐芳马上行动了起来。他首先设计了做手术时用的放大镜，然后利用报废的X光不锈钢架改装成手术器械的支架。有的器械在广州找不到愿意生产的厂家，梁赐芳就带着图纸四处奔波，最后终于在汕尾市找到一家愿意为他单独生产器械的厂家。在这家工厂里，梁赐芳和工人同吃同住，苦干一个星期，终于做出了他想要的器械。此外，还有一些深入耳道的器械对做工的要求非常精细，顶端最细的地方比绣花针还尖、还小，这样的器械一般机器是很难生产出来的。于是，梁赐芳就用手慢慢打磨。最后，那套进口价高达数万美元的医疗器械他竟然用了不到1000元人民币就做了出来，并成功在市一医院开展了“人工镫骨手术”。

从医60年来，梁赐芳的各项发明累计有40多项，其中影响最大、让患者受益最多的就是人工电子喉。而梁赐芳之所以能发明出电子喉，与当年的一个病人有很大关系。

1963年，一位搬运工来医院求诊，检查后发现他得了喉癌，必须尽快动手术。但是病人无法接受切除喉咙不能说话的事实，始终不愿意接受手术。最后，梁赐芳拗不过病人，只能同意他回家。仅仅过了半年，那位搬运工就去世了。这件事情给梁赐芳带来了很大的触动，他开始思考能不能发明一种仿生的“喉咙”，让喉癌患者即使在切除喉咙后也能说话！

有了这个想法之后，梁赐芳马上将其定成自己的目标，并开始努力去实现。1982年，经过长时间的钻研，梁赐芳终于成功研制出国内第一支电子人工喉。这种人工代器官按照仿生学原理，通过电震荡产生脉冲波，撞击发音膜而仿造人类声带的“驱动”作用，然后由颈上部最佳传音点导入咽腔，再由口腔发出语言。

如今，已经过了退休年龄的梁赐芳，依然沉浸在自己热爱的医疗事业中，并不断寻找着下一个能为病人带来福音的目标。

梁赐芳之所以能在医疗行业中做出如此大的贡献和成绩，是因为在不同的阶段里，他都会有一个非常清晰的目标，并围绕目标不断努力，直至目标达成后才寻找下一个目标。除此之外，还有一个很重要的原因，梁赐芳每次设定的目标并不是盲目的，而是为了满足医疗行业和病人的需求，有需求自然就能找到满足需求的办法，换句话说，他前进的方向是正确的。

习近平总书记曾说过：“干部在工作作风上要适应新时期的要求，不能仅仅是一个老黄牛，也不能只是一个空谈家，而要把远大目标和务实工作结合起来，既有老黄牛的品格，又有千里马的气势，既是一个有胆有识的战略家，又是一个脚踏实地的实干家。”

作为员工，在工作中要两手抓两手硬，既要有老黄牛实干的精神，也要有千里马一样能找准前进的方向，只有如此才能抵达属于自己的“绿洲”。

手脑多配合，才有望成功

做工作，不是把自己变成一个机器人麻木地执行任务，而是要将智慧与执行精神结合在一起。因为在工作过程中有时候会遇到复杂的情况，这时候就要讲方法，懂得随机应变，手脑并用地去寻求解决办法。

刚刚毕业的陈壮在一家报社实习。这是他的第一份工作，所以无论做什么他都是小心翼翼，生怕会有什么差错。但是工作一段时间后，他几乎怀疑自己的额头上刻着“新人”两个字，因为不管是和老记者外出采访，还是开周例会的时候，每个人见到他都会冲他笑笑，然后毫无例外地来一句：“刚毕业的吧？”

陈壮十分郁闷，不知道问题出在哪里，直到后来，他才渐渐地意识到可能是因为自己没有“职业范儿”。

和老记者一起外出采访的时候，老记者气场强大，言简意赅，几句话下来就和采访对象谈笑风生，一副老朋友的样子。可他呢，人家都快聊了一个小时了，他却连一句话都插不上，只好拿着个小本子不停地记。等到采访结束，陈壮还得帮助老记者整理采访录音。所谓的整理，说白了就是一边听录音，一边把文字敲进电脑里面。这不仅是一份毫无技术含量的工作，而且还十分劳累，当然也没有稿费，更别奢望最后的文章中能有自己的署名，唯一的回报就是老记者对他的一句感谢。即使如此，每次报社有谁要整理采访录音，陈壮总是一马当先，而且乐此不疲。

或许有人会认为陈壮是在犯傻，与其有时间替别人整理枯燥的录音材料，还不如自己读书学习。但事实上并不是这样，陈壮有他的打算。每次在整理采访录音时，他都会十分留意这些老记者是如何采访的：第一次见面如何寒暄；怎么在最短时间里和采访对象拉近距离；用什么方式提问，如何委婉追问，又该怎样将问题深入。稿件见报后，陈壮便对照着录音材料，揣摩老记者是如何为文章立意、取舍素材以及谋篇布局的技巧。陈壮就这样学了不少东西。

后来，陈壮不仅和整个报社的同事关系处得十分融洽，而且还被报社聘用为正式员工。

多年以后，已经是副总编的陈壮，在一次和朋友的聊天中总结了他的工作经验："当年，我刚进大学没多久，就担任了校园报纸的总编，也是整个大学里的风云人物，老师也十分看重我。但是一旦踏上工作岗位我才发现，从学校里学到的知识应用到职场中还是远远不够。尤其是在报社这种单位，想要留下来，经验的积累就尤为重要。所以，在工作中，光有才华是远远不够的，你还要学会手脑并用，快速积累更多的工作经验，这样才可能获得成功。"

不论职场新人还是老员工，在当今这个不学习就落伍的时代里，也许会遇到类似陈壮的境遇。这时候不能自暴自弃，而是应该在必要的时候停下来好好思考一下，积极寻找解决问题的办法。要知道，一个肯动脑思考问题的员工才是企业最需要的员工。

日本东芝电器公司曾受到经济风波的冲击，生产的电风扇一度滞销。公司里的销售人员尝试了很多种促销方法，但电风扇的销量依然没有得到大幅度的提升。一个普通销售人员见到这种情况，也开始积极想办法替公司解决难题。

这天，这位销售人员来到大街上，边走边看两边商店的促销广告，希望能够从中得到一些启发。走到街道的拐弯处时，看到几个小孩拿着五颜六色的小风车在玩，他脑海里突然浮现出一个想法："现在市场上风扇的颜色太过单一，能不能把风扇的颜色改变一下呢？不同颜色的风扇一定可以吸引很多年轻人。"想到这里，这位销售人员马上回到公司，并将自己的想法向上级做了汇报。上级也觉得他的建议很好，并予以了采纳。

这年夏天，东芝公司生产出了一批彩色电风扇，一经推出就引发了抢购风潮，几十万台风扇在短时间内销售一空，公司的销售额得到了极大的提升，提出建议的那位销售人员也因此获得公司一部分股份。

在工作中，如果仅听安排或者被动地等待，那么我们永远都不会成为一个优秀的员工。不论什么时候，只有积极开动脑筋、主动寻找解决问题的办法，才可能把事情做好。

化整为零，循序渐进

一位心理学家曾做过一个实验：他给三组人布置了同样一个任务——分别向十公里以外的一个村庄进发。第一组出发之前，心理学家既没有告诉他们村庄的名字也没有告知具体路程有多远，只是叮嘱他们跟着向导走就可以了。刚走出两三公里第一组里就有人开始叫苦，走到一半路程的时候，有人开始大声抱怨，甚至还有人就地休息，不愿意再走了。越往后，他们的情绪越低落。

第二组知道村庄的名字和路程有多远，但路边没有里程碑，只能凭经验来估计行程的时间和距离。走到一半的时候，大多数人想知道已经走了多远，比较有经验的人说："大概走了一半的路程。"于是，大家又簇拥着继续往前走。当走到全程的一多半的时候，大家开始情绪低落，觉得疲惫不堪，而路程似乎还有很长。这时，有人会鼓励大家说快到了。就这样，大家又重新振作了起来，继续前进。

第三组的人不仅知道村子的名字、路程，而且公路旁每一公里都有一块里程碑，人们边走边看里程碑。行进中他们用歌声和笑声来消除疲劳，情绪一直很高涨，所以很快就抵达了目的地。

通过这个实验，心理学家得出了这样的结论：要想实现一个远大目标，就要把这个目标拆分成无数个小目标，等这些小目标逐一实现的时候，大目标自然也就实现了。

确实，有很多人虽然有一个非常清晰的目标，但是因为目标有些遥远，有些无处着手，于是产生了焦虑心理，本能地选择暂时逃避，并不断地安慰自己：今天休息一天吧，明天等精力充沛再开始做。在这种畏难的情绪中，最后事情只能是一拖再拖，永远也实现不了目标；反之，如果能把大目标分解，通过完成一个又一个小目标来不断激励自己，最后的成功便是水到渠成的事。日本马拉松选手山田本一就是一个善于通过分解目标取得成功的人。

1984年，在东京国际马拉松比赛中，平时表现平平的山田本一出人意料地夺得世界冠军。世人对比倍感惊讶，同时也很好奇他是通过什么绝招战胜众多强大对手的。面对各路媒体记者的询问，山田本一只是淡定地说了四个字："凭借智慧。"

山田本一的回答让大家更加迷惑不解了，跑马拉松难道拼的不是体力和耐力吗？智慧怎么能成为获得冠军的秘诀呢？一直到十年之后，山田本一在他的自传中才解开这个谜团："每次比赛之前，我都要乘车把比赛的线路仔细地看一遍，并把沿途比较醒目的标志画下来。比如，第一个标志是银行；第二个标志是一棵大树；第三个标志是一座红房子……这样一直画到赛程的终点。比赛开始后，我就以百米赛跑的速度奋力地向第一个目标冲去，等到达第一个目标后，我又以同样的速度向第二个目标冲去。四十多千米的赛程，就被我分解成这么几个小目标轻松地跑完了。起初，我并不懂这样的道理，我把我的目标定在四十多千米外终点线的那面旗帜上，结果我跑到十几千米时就疲惫不堪了，因为我被前面那段遥远的路程给吓倒了。”

其实，很多有所建树的人懂得分解目标的重要性，比如美国著名作家赛瓦里德在谈及创作时曾说过：“当我打算写一本25万字的书时，一旦确定了书的主题和框架，我便不再考虑整个写作计划有多么繁重，我想的只是下一节、下一页甚至下一段怎么写。在六个月中，除了一段一段开始外，我没想过其他方法，结果就水到渠成了。”

新东方创始人俞敏洪也曾用金字塔和石头做过关于分解目标的精妙比喻：“金字塔如果拆开了，只不过是一堆散乱的石头；日子如果过得没有目标，就只是几段散乱的岁月。但如果把一种努力凝聚到每一日，去实现一个梦想，散乱的日子就集成了生命的永恒。”

如果将工作目标比作金字塔的话，那么达成终极目标的路程就是建造金字塔的过程。巍峨雄伟的金字塔是人类智慧完美体现的伟大结晶，也是由一块块石头垒造出来的。这一块块的石头就是一个个被细化了的目标，没有它们，作为终极目标的金字塔就不可能建起来。不过需要注意的是，除了分解工作目标，在逐个实现小目标的时候还需要学习，因为在知识型社会中，只有通过学习才能快速实现目标。

《东江时报》曾报道过一个既擅长分解目标又善于通过学习快速实现目标的人，他就是王中海。

王中海本是一个农村孩子，高中毕业后当了三年兵。复员后，王中海被乡亲们选为村干部，但他却不甘心自己一辈子就待在家乡，想去外面的世界闯荡一番。于是，他不顾父母的劝阻，毅然带着几千元和简单的行李只身南下深圳。

到了深圳后，王中海才发现外面的世界虽然精彩却又让人很无奈，因为他既没有学历，又不会手艺，一时找不到正式的工作，只能通过打散工勉强维持生计。后来，还是曾经当兵的经历让他顺利进入一家物业公司当上了一名保安。

保安的工作比较辛苦，每天三班倒，也没有多少休息时间。王中海不甘心一辈子当保安，决心要掌握修理电梯这门技术。于是，他参加了一个电梯维修技术的课程培训，平时工作忙，他只能在星期天坐两个小时的公交去听课。由于睡眠时间不足，王中海每次在公交车上都能睡着。就这样坚持了半年之后，他拿到了电梯维修的初级证书。尝到甜头的王中海再接再厉，又用了一年时间拿到了电梯维修中级证书及维修行业的上岗证。

从一个普通保安到一个维修电梯的技术人员，王中海既为自己实现目标感到高兴，同时也意识到了知识对实现目标的重要性。

成为电梯维修工之后，王中海的收入有了很大的提高，也有了比较宽裕的休息时间，但他却不肯闲下来，总是想再学一些知识。他报名参加了物业管理方向的大专自学考试。这样的学习形式比较灵活，只要一有时间就可以看书学习，也不会耽误工作，王中海觉得自己过得很充实。虽然每天五点就可以下班，但他吃过晚饭之后，又会回到办公室学习，一直到晚上十点多才回宿舍休息。每天早晨，他会比同事们早起一个小时去上班，等同事们来的时候，他已经学习了一个小时。

就这样，通过几年的努力，他以优秀的成绩通过考试，顺利地拿到了大专文凭。同时，王中海不断努力学习的精神也被公司领导看在眼里，在他还没有拿到大专文凭时就被提拔为客服助理，并逐渐成长为负责物业管理的经理。

面对取得的成绩，王中海感慨地说："很多人把目标定得很大很远，感觉遥不可及，但我觉得，要把大目标分解成一个个小目标，通过不断的学习和自身的努力一个个去实现，这样就会轻松一些。"

王中海之所以能从一个普通的保安成长为经理，跟他能够静下心来通过学习实现一个个小目标是分不开的，因为他知道，这些小目标的实现都是为实现下一个大目标做准备的。同理，我们在工作中，既要学会分解目标，又要懂得实现小目标的重要性，只有如此，才能缩短成功的路程。

第六章

天下大事作于细，把小事做精、细节做亮

这个世界上能做出一番丰功伟绩的人实在太少，多数人从事的还是一些简单具体甚至琐碎的工作，这些事情虽小，但却是获得成功不可或缺的基础。工作中不缺雄韬伟略的战略家，缺的是对细节和小事不懈追求完美的执行者。老子曾说：“天下难事，必做于易；天下大事，必作于细。”这句话指出，要想成就一番事业，必须从小事做起，从细节处入手。只要把小事做精、细节做亮，成功总有一天会不期而至。

成也细节，败也细节

中国有句古话：“泰山不拒细壤，故能成其高；江海不择细流，故能就其深。”意思是说，泰山之所以有这样的高度，正是因为不拒绝渺小的土壤；江河之所以有这样的深度，正是因为不拒绝细微的溪流。工作也是如此，我们所取得的成绩都是由一个个细节组成的。

工作细节也就是我们工作中的点滴小事，做好这样的小事也许不需要我们有多强的工作能力，但必须要拥有认真的态度。我们不能轻视这些小细节，因为很多时候，这些微不足道的小细节可能决定我们的成败。

忽略一个小的细节，最终会影响到一个人、一家企业甚至是一个国家的命运。日本著名企业家松下幸之助曾说过：“在工作时，不要放过任何细节。”工作中，因忽略细节给个人及企业造成损失的案例不在少数。所以，我们在工作中也应该注重细节，并能认真地把细节做好、做到位，这样才能保质保量地完成任务。

一个夏天的午后，刚刚还晴朗的天空突然乌云密布，瞬间就下起了大雨，路上的行人匆忙跑进附近的店铺躲雨。一位满头银发的老太太步履蹒跚地走进费城百货商店避雨。老太太着装朴素，毫不起眼，所有的售货员都没有注意到她。

这时，一个年轻人走到老太太身旁，诚恳地对她说："夫人，请问我能为您做点什么吗？"老太太笑了笑，和蔼地回答说："谢谢你的好意，我就在这里躲躲雨，等雨停了我就离开。"说完这话，老太太大概是因为进店只为躲雨而不买东西有些过意不去，于是便开始在店里转了起来，看样子是打算买点东西。

当老太太挑拣商品的时候，小伙子似乎看出了老太太的用意，便主动走过来对她说："您不必为难，在这儿安心躲雨就可以了，我给您搬把椅子。"一个小时后，雨过天晴，老太太向那位年轻人道谢，并向他要了一张名片，然后就离开了商店。

不久后，费城百货公司的总经理詹姆斯收到一封信，信中要求将这位年轻人派往苏格兰收取一份装潢整个城堡的订单，并让他承包写信人家族所属的几个大公司下一季度办公用品的采购订单。詹姆斯惊喜不已，匆匆一算，这一封信所带来的利益相当于他们公司两年的利润总和！他马上与写信人取得联系，这才知道，这封信出自一位老太太之手，而这位老妇人正是美国亿万富翁"钢铁大王"卡内基的母亲。

詹姆斯马上把这位叫菲利的年轻人推荐到公司董事会上。毫无疑问，当菲利打起行装飞往苏格兰时，他已经成为这家百货公司的合伙人了。那年，菲利22岁。

随后的几年中，菲利以他一贯的忠实和诚恳成为“钢铁大王”卡内基的左膀右臂，事业扶摇直上、飞黄腾达，成为美国钢铁行业富可敌国的重量级人物。

菲利之所以能够赢得老妇人的青睐，是因为他在不知道那位老妇人真实身份的情况下依然能做到为其搬椅子，这种不以事小而不为的做法一方面体现出他有一颗善良的心，另一方面也体现出他是一个长期关注细节的人。如此说来，他的成功就成了一种必然。

正所谓“成也细节，败也细节”，这种提法自有其合理之处。既然如此，无论在大事情还是在小事情上，我们都应该关注细节并从细节出发，如此才能将工作做到滴水不漏。

1%的错误
导致 100%的失败

西方流传着这样一首民谣：“丢失一颗钉子，坏了一只蹄铁；坏了一只蹄铁，折了一匹战马；折了一匹战马，伤了一位骑士；伤了一位骑士，输了一场战争；输了一场战争，亡了一个帝国。”这首简单的民谣揭示了这样一个深刻的道理：一个细节没做好，会引起一串的连锁反应，直至造成无可挽回的损失。

2003年1月16日，美国“哥伦比亚”号航天飞机升空后发生爆炸，飞机上的七名宇航员全部遇难，全世界一片震惊。那么，究竟是什么原因导致这一惨剧的发生？

调查结果表明，造成这一灾难的凶手竟然是一块脱落的泡沫。原来，“哥伦比亚”号的舱体表面覆盖着两万余块隔热瓦，能够抵御3000摄氏度的高温，以免航天飞机返回大气层时被高温所融化。1月16日“哥伦比亚”号升空80秒后，一块从燃料箱上脱落的碎片击中了飞机左翼前部的隔热系统。宇航局的高速照相机记录下了这一过程。当时虽有补救措施，但相关技术人员对此却没有引起足够的重视，导致机毁人亡的惨剧发生。

除了美国，中国也有因细节导致失败的案例发生。2010年12月17日《人民日报》刊载了一篇文章“航天赤子孙家栋”：1974年，我国发射第一颗返回式遥感卫星失败，火箭随同卫星一起爆炸，坠落在西北戈壁滩上。为了查找失败原因，三九天里，科学家孙家栋和两百多名技术人员含着眼泪捡了三天，在沙地里一块块捡残骸，小螺丝、小线头都不放过，捡回来是要把问题找出来。有的人心细，还拿筛子把混在沙子里的东西都筛出来。最后实验证明，确实是一截外表完好、内部断开的小小导线酿成了这场大爆炸。

不论是美国“哥伦比亚”号失事，还是中国遥感卫星爆炸，归根结底都是因为细节上出现了问题。工作中，有很多人不太注重一些细节上的问题，认为都是无关紧要的，抓好大事就可以了。殊不知，1%的错误就有可能会引起连锁反应，导致100%的失败。所以，作为员工，工作中应该始终保持警惕，把握好细节，做到防患于未然，这样才能把工作做得更好。

阴祖飞是呼和浩特铁路局包西车辆段轴承的检查员，曾荣获内蒙古自治区劳模、五一劳动奖章。

在轴承检查岗位上干了三十余年的阴祖飞，在工作中从未出现过一起失误。在他看来，如果把一辆车比作一个人的话，那么车辆的轴承犹如人的双腿，是运输安全的核心。如果这个环节出现哪怕1%的问题，就有可能埋下安全隐患，一旦爆发，将会酿成大事故。

为了防止细节方面出现问题，阴祖飞利用空闲时间系统学习了《滚动轴承的构造和组成》《轮规》《段规》《铁路货车段修技术与管理》等业务书籍，并写了六万多字的学习笔记。除了掌握理论知识，阴祖飞也十分注重在实践中积累经验。每次遇到自己弄不明白的问题，就会跟身边的技术人员不断交流探讨，直到找到解决问题的办法。每天上班，他总是第一个来车间，最后一个离开岗位，给库存线上的每一套轴承“号脉”，经常是抱着一套轴承一转就是半个小时，直到完全确认没有任何问题才进入下一道工序。

在一次例行检查中，阴祖飞突然发现轴承声音有异响，他当即断定轴承肯定出现了问题，并马上组织同事拆卸轴承重新检查。打开轴承外罩时，果然不出所料，轴承外圈滚道已经大面积剥离、塑钢保持架全部熔化。同事们无不为此感到惊讶。还有一次，阴祖飞转动检查一套轴承时感觉手感有些不对，接着他放慢了转动速度，把耳朵附在轴承上听了一会儿，便马上断定：“这套轴承的内滚道剥离了。”等把轴承拆开之后，发现有几颗滚子确实产生了不同程度的剥离，而且内滚道被划伤，一切都验证了他的判断是准确的。

就是阴祖飞这种不放过任何一个细节的精神，让他成为检车“神探”。这些年来，阴祖飞共发现轴承故障1930起，其中重点故障220起，而且经过他检修的和装配的轴承，合格率达到了100%。

工作中，很多员工无法做好细节，并不是因为细节有多么难做到，而是没有细节意识或者不注重细节，这也是使我们无法把工作做好的最大原因之一。所以，要想把工作真正落实，员工们就应该像阴祖飞一样，在工作的细节处时刻保持警惕，不放过任何一个问题，只有这样才能及时发现并处理掉隐患。

把简单的事做好就是不简单

对于那些能干成大事的人来说，他们身上几乎都有这样一个共同的特点：既能干大事，也能抓小事，最后都能干好、干成。在实际工作当中，很多人都觉得大事知名度高，容易干出成绩，所以都想着干大事。对于小事，他们觉得微不足道，只要愿意，谁都可以干好，于是也就不愿意干小事了。

而实际上，不论大事还是小事，其实都是务实之事，干好了都是业绩。再者，小事和大事之间都有着内在联系，凡是小事干不好的人，多数情况下都很难干成大事。如果能把每一件小事做细、做到极致，就等于干成了一件大事。

美国一家园艺公司曾在报纸上刊登过这样一则启事：重金悬赏能够种出纯白色金盏花的人。消息一出，吸引了不少好奇的人，人们趋之若鹜，纷纷报名参加。

但是过了没多久，人们的热情就一点点地消失了，因为自然界中金盏花的只有两种颜色——金色和棕色，从来没有人见到过白色的，别说一般人种不出，就连专家也站出来说："世界根本就不存在纯白色的金盏花。"就这样，这件当时十分热闹的事情逐渐被人们淡忘了。

20年后，这家园艺公司竟然收到了一封热情洋溢的应征信，还有一把种子：纯白色的金盏花被培育了出来。消息不胫而走，在当地引起了不小的轰动，新闻界很快就找到了这位神秘的应征者。

原来应征者是一位年过古稀的老妇人，她是一个普通的种花人。20年前，她看到报纸上的启示后怦然心动，决定尝试种植白色的金盏花。

老人的子女得知母亲的想法后，都认为她有些异想天开，劝阻她说："世界上根本没有白色的金盏花，您又何必劳神费心呢？"但是不论别人如何劝说，老人都没有动摇，而是开始培育她心目中的白色金盏花。

她首先播种了一些很普通的种子，金盏花盛开的时节，她从中挑选出花朵颜色最淡的那棵，让它自动凋零、枯萎、脱落，以获取成熟的种子。第二年，她把这棵花的种子再播种下去，等到开花的时候，再挑选其中最淡的一棵……就这样，她不停地播种、收获，周而复始，一直种了20年。

20年后，金盏花盛开的这天，白色的金盏花就开在老人的面前，白得耀眼，白得晶莹剔透，那一株纯粹的白惊得所有见过它的人都目瞪口呆。

这位对遗传学一窍不通的普通种花老人，竟然攻克了连专家都望而却步的难题，培育出了美丽的白色金盏花。

故事中的老人之所以能培育出白色的金盏花，在于她能年复一年把重复种花这么简单事情坚持了20年，终于创造了一个奇迹。在职场中，很多人从事的都是一些简单的工作，但绝对不能因简单而忽视它，因为优异的成绩都是由简单的工作积累起来的。正如荀子在《劝学》中说："积土成山，风雨兴焉；积善成德，圣心备焉。故不积跬步，无以至千里；不积小流，无以成江河。"把精力放在简单的工作中，并做到极致，最后小事也就变成了大事。

关霄梅是黑龙江牡丹江热电公司一名供热服务管理员。在很多人看来，供热服务管理员说白了就是一个收电费的岗位，这种工作太简单了，只要是正常人都可以做。22岁刚参加工作的关霄梅也觉得这份工作没有什么难度。可仅仅过了几个月，这份看似极其简单的工作却让她吃尽了苦头。

因为工作需要，关霄梅必须要上门收费，白天很多用户因工作原因家里都没有人，她只能在每天早晨和晚上去小区收费。夏天还好，一到冬天，凌晨五点钟她就得从家里出发。冬天不光风大，而且天气也异常寒冷，等她骑着自行车到达小区时，手脚经常被冻得麻木。就这样，她每天走街串巷，到晚上八九点钟才能回家。而回到家后她也不能马上休息，还要详细记录管区内用户的住址、姓名、供热温度和面积等信息。像这样的工作记录本，多年来，她积累了几十本。

工作时间久了，关霄梅也慢慢积累了不少工作经验，在她看来，供热服务管理员这份工作也是一门很大的学问，在向用户收费的时候，最不应该做的就是软磨硬泡，而是要学会换位思考，做好与用户之间的沟通，用自己的真诚和服务打动用户，最后就能得到多数用户的积极配合。在这种信念的支持下，关霄梅数十年如一日地在供热服务管理员岗位上默默奉献着。

每当用户家中供热系统出现问题，她就会和技术人员在最短时间内上门检查处理。有一次，一位用户家的供热系统出现了问题之后，她前后跑了七次，直到把问题彻底解决为止。

2006年，由于表现出色，关霄梅被上级列为重点培养对象，并被委以重任，先后在西安、东安分公司担任主要领导。2010年，关霄梅被评为“全国劳动模范”，2012年，她光荣地当选为党的十八大代表。从一个普通的工人成长为全国劳模、十八大代表，她以把简单事情做到极致的工作态度，不仅为自己赢得了荣誉，也为其他人树立了一个良好的榜样。

很显然，关霄梅的成功不在于她做了多么伟大的事情，而在于她能和那位种花的老人一样，能数十年如一日地把简单的工作做到极致。

作为员工，我们也应该向关霄梅学习，放下抱怨和不屑，对自己的工作负起责任，尽最大努力把简单的工作做到最好并长期坚持，终有一天也会获得成功。

较真，才能做好细节

生活和工作中，人们经常会见到一些喜欢“较真”的人。他们看到别人不恰当的行为总会去制止，或者直截了当地表达自己的不满；看到别人做某件事情敷衍了事的时候，他们会指出对方的不妥之处，并建议他们重新做；看到有人做一些不利于他人的事情，他们会挺身而出，伸张正义……或许我们会对这些喜欢“较真”的人抱以嘲笑的态度，认为他们古板，不会顺应时势，处处得罪人，最后必然会落一个四面楚歌的境地。

这些喜欢“较真”的人真的一无是处吗？其实不然，很多时候，一些喜欢“较真”的人往往是正直且富有正义感的人，而这样的人也是受人们欢迎和尊敬的人。如果把“较真”放在工作中来看，更是一种难能可贵的品质，德国人就是这方面的代表。

国内一位做房地产的企业家曾回忆了这样一件事情：这位企业家曾经和德国的一家房地产公司合作，一个从德国总部来的工程师要拍一张合作场地项目的全景，本来在楼上就可以拍到，但是他还是不顾别人的劝阻，执意徒步走了好几公里，爬上附近最高的一座山，把场地项目周围的景观也拍了进去。

企业家问工程师："现在公司就派来你一个人来洽谈业务，你可以想怎么干就怎么干，为什么还这么较真？"

工程师回答说："回去开董事会的时候，我要能详细、客观地介绍合作项目的真实情况，如果不和自己较真，那就是我的失职。"

通过这位工程师的回答，我们不难理解，为何很多车主会喜欢德国人生产的奔驰和宝马轿车了。从儒雅、大方的外观到性能优良的发动机，奔驰和宝马轿车近乎完美的工艺深深地体现出德国人对工艺的较真精神。可见，在工作中较真不仅不是一件坏事，反而是一件好事。如果我们每个人在工作中都能像那位工程师一样，处处较真，不放过任何一个细节，就没有做不好的工作。辽河油田某井区注水站站长文建明就是一个喜欢在工作中较真的人。

文建明工作十分认真，从来不应付，身边的同事都说他是一个爱较真的人。他却认为，工作就要较真，不能有半点马虎，抽出一块砖，可能会导致整面墙坍塌；松动一颗螺丝，可能会损坏一台机器。

在注水站，安全是头等大事。为了尽可能避免设备不出故障，文建明总结了"规程可能三言两语，操作不能三心二意"的安全理念，引导员工们从细节上避免不规范操作。此外，他还组织员工围绕"工作八小时，十个想一想”等主题进行安全讨论活动，并通过不定期对设备进行检查，以排除安全隐患。在他的影响和带领下，员工们的安全操作水平有了明显的提升，也正是因为如此，注水站二十多年来没有出现过一起安全事故。

有一次，注水站为设备购买了十桶润滑油，文建明按照惯例统一验收。结果在检查中，他发现润滑油并不纯正，里面不仅含有水分，而且还有一些杂质。文建明立即向上级做了汇报，并要求厂家换油。厂家的人解释说：“润滑油是露天存放的，有一些水分是很正常的，并不会影响使用。”他听后斩钉截铁地说：“你说润滑油里有水分是放在外面的缘故，那么油里面存在一些杂质，这又如何解释？这种润滑油我们是不会用的，到时候损坏了设备，由谁来负责？”厂家的人推三阻四并不想换油，还找人说情并暗示文建明，只要他收下油就可以得到一笔好处费。文建明听后义正词严地予以回绝。厂家的人见文建明态度坚决，只能为注水站更换了合格的润滑油。

文建明在大事较真，在小事上更不含糊。员工们在私底下都会感慨：“只要在老文手下干一天活，就得像他一样认真地去做，不能有丝毫糊弄，否则永远也过不了他这关。”一次，一位刚下夜班的工人在填写报表时不小心把时间填错了行。文建明发现后，马上把已经上了班车准备回家的工人叫了下来，要求他重新填写，并严肃地批评了他。

这位工人已经有五十多岁了，被文建明批评了之后有些下不来台，旁边的人也觉得气氛比较尴尬，便劝解文建明：“你看他都那么大年龄了，又上了一晚上班，出点错是在所难免的，这次就算了吧，让上白班的员工代改一下就行了。”

一听这话，文建明的脸马上就沉了下来：“工作中犯错难道因为年龄大就算了？正因为他年龄大，所以更应该为年轻的员工做出表率。”就这样，一直等那位老员工重新填写完了报表，文建明确认无误之后，这才让他回家。也正是因为文建明的这种对细节的较真，使注水站以100%的优秀率通过了历次考核，成为油田公司注水系统首家免检单位。

文建明这种一丝不苟的工作态度赢得了同事和领导的尊重和认可。在他的带领下，他所在的注水站被评为集团公司先进班组、油田公司“双百”班组、“学习型班站”、“企业文化示范点”。而文建明本人也先后获得集团公司优秀共产党员、辽宁省优秀班组长、全国“工人先锋号”等荣誉称号。

文建明在工作中并没有做出什么惊天动地的大事，而是着眼于细节，时间长了，自然也就做出了成绩。工作中，我们往往能够从一些员工对待细节上的态度看出他的职业素养。那些已经做出不少成绩的实干型的员工，无不是重视细节之人。

在职场竞争越来越激烈的今天，当我们的工作技能与其他人不相上下的时候，要想脱颖而出，成为老板关注的对象，就应该用较真的精神去做好工作中的细节。因为对于老板来说，面对能力相差无几的员工，他会把员工对待细节的工作作为一个衡量标准，越是努力做好细节的员工越容易受到老板的关注。只有用较真精神把细节做好、做精，也才能为个人未来的发展奠定良好的基础。

落实是否到位，
就看细节给不给力

细节是成功的催化剂。工作中对细节所持的态度会使我们与周围的人区别开来，对细节投入的力度不仅决定着工作的质量，最终也决定着我们生命的质量。

在美国，流传着一个真实的故事。很多年前，一个年轻人来到一家著名的酒店当服务员。这是他初入社会的第一份工作，因此他非常激动，暗下决心："一定要干出个样子来！"在培训期间，上司给他安排的工作竟然是去洗马桶，而且工作质量的要求高得惊人：必须把马桶洗得光洁如新！他当然明白"光洁如新"的含义，更知道自己并不喜欢洗马桶这个工作，也难以做到"光洁如新"这一高标准的质量要求。

对未来充满憧憬的年轻人来说，这份工作所带来的冲击无异于当头一棒。面对马桶，除了让他在视觉和嗅觉上难以忍受之外，内心的屈辱更伤害到了他的自尊心。他拿着抹布尝试着去洗马桶的时候始终无法适应，每次都恶心得直反胃。这让他每天都活在痛苦之中，他不知道再这样下去自己会不会疯掉。为此，他想过放弃这份工作，另谋生路，可同时，他又有些不甘心，难道就这样认输了吗？

就在他处于矛盾的时候，一个前辈出现了。她及时帮他摆脱了痛苦和困惑，让他重新审视了这份工作，更重要的是给他指明了一条未来的方向。她没有给他讲大道理，只是亲自示范她是如何洗马桶的。她蹲在马桶边，一遍一遍地擦洗马桶，甚至连小角落都没有放过，直到将马桶擦得光洁如新。

年轻人看到了前辈洗马桶的整个过程，但也仅仅是佩服她对工作的态度，内心并没有太多触动。前辈见年轻人这般表现，没有说一句话，只是从马桶中舀了一杯水，然后一饮而尽，眉头也没有皱一下。实际行动胜过万语千言，她身体力行地告诉了年轻人一个极其简单的真理：光洁如新的要点在于“新”，新则不脏，因为没有人会觉得新马桶脏，这样一来，新马桶里的水自然是能喝的，换句话说，只有马桶里的水干净到可以喝的程度，才算是真正把马桶洗得“光洁如新”了，而这一点也完全能够做到。同时，她还给了他一个微笑，微笑里充满了鼓励和关注。

年轻人被彻底震撼了，他看着一脸微笑的前辈，惊得目瞪口呆！从这件事情得到了很大的启示的他这才开始意识到自己的工作态度出现了问题，一个连马桶洗不干净的人，又能做成什么大事情呢！于是他痛下决心：“就算一辈子洗马桶，也一定要成为一个洗马桶最出色的人！”

第二天，年轻的小伙子像换了一个人一样，洗起马桶来格外卖力，就连马桶不容易洗到的地方也会想办法洗干净，甚至有的时候为了检验自己的信心和工作的质量，他也会从马桶里舀一杯水喝掉。他成为该酒店最优秀的服务员的同时，也踏上了成功之旅。

几十年一晃而过，这位年轻人成了世界旅馆业大王，他的事业遍布全世界。他就是康拉德·N.希尔顿。

把细节做到极致是一种高度负责任的表现，如果当年希尔顿没有那位贵人的指点，或许就意识不到自己的工作态度出现了问题，自然就不会在细节上下功夫，也就更不会有后来闻名世界的希尔顿酒店了。现在的哈佛大学每年要求入学的新生都要刷马桶。哈佛大学意通过刷马桶让学生们知道，不论是学习、生活还是工作，都要像刷马桶一样，端正态度，从细节出发，把事情做到最好。

那么在工作中，我们又该如何做好细节呢？答案是：细致。如果说细节是做好工作的基础，那么细致就是细节做到位的保证。越细致，就越能降低工作出错的概率；越细致，就越能以最快的速度解决问题。

一天，美国通用汽车凯迪拉克车型售后部门收到一封客户的抱怨信，信的内容是：“这是我第三次为同一件事情给你们写信了，我不会抱怨你们为什么没有给我回信，因为在别人看来我或许是脑子出现了问题，但不可否认的是，这毕竟是一个事实。”

“我们家里有一个传统，在全家用完晚餐后，我们都会把冰淇淋作为饭后甜点。但是冰淇淋的口味有很多种，所以我们全家在饭后会进行一个投票，以此决定吃什么口味，然后由我开车出去买。”

“但是自从我买了一辆新款凯迪拉克汽车之后，在开着它去买冰淇淋的过程中就不断出现问题。每次当我买草莓口味冰淇淋，从店里出来后，车子就发动不了。但是如果我买其他口味的冰淇淋，车子很容易就能发动。我想告诉你，我对这件事情非常认真，尽管听起来是有些不可思议。可是为什么我每次买草莓口味的冰淇淋，它就不能发动，这究竟是为什么呢？那可是我刚买的新车啊！”

凯迪拉克售后部经理虽然怀疑这是一起恶作剧，但是还是派了一位经验丰富的工程师去查看究竟。当工程师按地址来到这位客户家后，惊讶地发现，这封信竟出自于一位拥有一家公司且受过良好教育的成功人士之手。工程师与客户约定见面的时间正是他们全家刚用完晚餐之时，两人便开着凯迪拉克汽车，朝冰淇淋店驶去。这次买的冰淇淋是草莓口味的，当从店里从来之后，车子果然如客户所说怎么也发动不了。之后，按照约定，工程师又来了三个晚上。

第一晚，买的是牛奶味冰淇淋，汽车能正常发动。

第二晚，买的是抹茶味冰淇淋，汽车能正常发动。

第三晚，买的是草莓味冰淇淋，车子又不能发动了。

工程师无论如何也不能相信，汽车居然会对草莓味冰淇淋过敏，但这也激起了他的好奇心。接下来几天，他按照相同的行程观察这部汽车，并开始记录驾驶汽车前后的种种数据，比如行程所用的时间、车子使用的汽油种类等。通过不断总结，工程师终于找出了问题的症结所在。

原来，客户买草莓味冰淇淋所用的时间，要比买其他口味冰淇淋所用的时间要短很多。这也和冰淇淋店的经营方式，以及设置有关。因为草莓味冰淇淋是所有口味冰淇淋当中最受欢迎的，冰淇淋店为了能让顾客尽快取到草莓口味的冰淇淋，便将草莓冰淇淋单独放在一个冰柜里，并且将冰柜放在其他口味冰淇淋的前面。

现在，工程师面对的问题是，为什么发动机熄火时间较短，就很难发动？原来问题是出在“蒸气锁”上，因为熄火的时间太短，以至于发动机过热，导致“蒸气锁”没有足够的时间散热。根据这些发现，工程师重新设计了一种新型的、较为完善的汽车散热系统。

这个案例中，细致的客户提出了细致的问题，细致的工程师则对问题进行了细致的分析，直到解决问题为止。通用汽车公司也正是拥有了这样一批不懈追求细节的员工，才制造出了闻名世界的汽车。

工作中，我们要从细节处着手，做好细节就需要细致耐心，发现并做好别人忽略的细节，只有这样才能圆满地完成任务，最后才能成长为一名把工作落实好的员工。

第七章

高效沟通，提高执行力

工作中，我们每天都需要与同事和上级进行沟通，如何准确无误地将自己的想法表达出来，让对方充分理解我们的真实意图？在工作中遇到困难，如何向上级求助？遇到拿不准的事情，该不该向上级请示？面对这些沟通问题，如果处理不善，必然会影响到我们的工作。沟通是工作中不可或缺的内容之一，只有学会高效沟通，才能避免工作中出现不必要的麻烦。

高效沟通，
才能高效完成工作

工作中，我们与老板、客户之间都需要进行沟通。良好的沟通能力是工作中不可缺少的要素之一，高效的沟通不仅能保障员工与同事、老板之间信息的畅通，还能增加与团队配合的默契度。

对员工来说，良好的沟通不仅是一种能力，更是一种实干的表现。只有通过良好的沟通才能避免工作中出现漏洞，才能以最快的速度找到工作中存在的问题，并通过切实有效的方法来找到问题的答案，从而避免走弯路。如此说来，能把工作做到实处的员工绝对是一个能通过沟通随意调动自己所需要的资源的人。

也许有人会不以为然，他们认为反正最后工作都需要自己做，与其把时间浪费在沟通上，不如集中精力思考如何做好工作。这样的看法也有一定道理，因为有时候沟通效果不佳，还不如没有沟通。然而随着社会分工越来越细致，很多工作需要团队配合才能完成，如果沟通效果不佳，就有可能引起一场灭顶之灾。

1990年1月25日，阿维安卡52航班飞行至纽约肯尼迪机场上空时，像往常一样等候机场调度人员的降落指令。由于当天天气恶劣，需延时降落，时间长了，飞行员发出“燃料快用完了”的信息，要求紧急降落。但机场调度员认为哥伦比亚航空52航班和其他航班一样，是为了尽快降落才发出这样的请求，因此没有给予重视。结果52航班因燃油耗尽而坠机，机上73名人员全部遇难。

这是一个因沟通不畅引发的悲剧，令人感到惋惜和痛心的同时，也让人意识到沟通的重要性。一个不善于沟通的员工是很难做好工作的。据统计，现代工作中一半以上的障碍都是由于沟通不到位而产生的。如今，每个企业都可以说是人才辈出、高手云集，在这样的环境中，信守“沉默是金”者是不会有任何发展的。

尽管如此，但是在现实工作中，依然有很多人不敢主动与老板沟通。事实上，如果你不能及时有效地和老板沟通，在具体工作过程中遇到的问题就得不到解决，出现的偏差或错误，也不会得到及时的纠正，工作自然不会取得好的结果。

有一个学会计的女孩，以笔试第一名的成绩进入了一家大型公司的财务部，但这个女孩性格过于内向，从来不和同在财务部工作的同事交流，总是一个人默默地埋头工作，上下班也是独来独往。因为胆怯而不善于和同事交流，工作中遇到问题也不向同事请教；有时候领导安排下工作任务，自己不明确的她也不询问领导，只是按照自己的理解去做，结果往往和领导要求的标准相差甚远。她的工作态度虽然很认真，也有些工作业绩，但就是得不到同事和领导的肯定。

公司领导也比较珍惜她这个人才，看她在财务部不太适应，便决定把她调到客服部认为这样能提高她的沟通能力。因为客服部的工作是必须经常和客户打交道，逼着她去与别人交流，希望她能借这个工作岗位提高自己的沟通能力。

但遗憾的是，女孩还是因为沟通不善得罪了一个比较重要的客户，辜负了公司对她的一番美意。女孩深感为公司带来了损失，自己也陷入了无限的愧疚之中……

美国金融家阿尔伯特当年初入金融界时，他的一些同学已在金融界内担任高职，都已成为老板的心腹和得力助手。他们传授阿尔伯特一个最重要的秘诀——一定要主动和老板讲话。我们有些员工也逐渐意识到了沟通的重要性，因此在工作中与他人的沟通也变得积极起来了。但是在沟通中，有的员工往往会有这样的误区，都喜欢按照自己的工作方式来完成分内之事，对和自己无关的工作丝毫不关心；还有一些人虽然有对待沟通的良好态度，却没有掌握正确的沟通方法。这些工作中普遍存在的沟通误区可简单归纳为以下几个方面：

误区一：只要具备沟通意识，就能高效沟通

职场中有很多专业能力较强的人，多数人不会意识到沟通的重要性，认为自己只要把本职工作做好就可以了。某天他们一旦意识到沟通的重要性时，也会乐于沟通。然而在具体沟通过程中，他们又往往会不自觉地扮演了教师、权威、家长的角色，总是以居高临下的口吻与人沟通。这样会给沟通对象造成压迫感，而阻碍沟通。实际上，即使最懂得沟通的人，也需要因人或环境的不同来改进自己的沟通风格和技巧。

误区二：沟通就是寻求统一

在现代企业中，很多人都习惯以自我为中心，当别人的观点同自己不一致时，就会觉得别人在挑衅自己，这种想法是不正确的。事实上，沟通的目的并不是要证明谁对谁错，也不是一场你输我赢的游戏，它的最终目的是要促进成员之间的良性沟通，从而使工作有秩序、有效率地落实下去。

误区三：沟通就是说服别人

在团队沟通中经常会出现这种情况：某人掌握着整个谈话过程，其他人只有做听众或服从的份儿。其实，“沟通”一词来源于“分享”这个拉丁语词汇，进行沟通时特别需要注意的问题是，沟通必须是互相分享、双方互动的，要跳出自我立场而进入他人的心境。沟通的目的是要了解他人，而不是要他人同意。因此，工作沟通中要避免走入“和自己说话”的陷阱，这样的沟通才能有效。

虽然学会沟通并不表示日后的职场人际关系就能畅通无阻，但是有效的沟通的确可以使团队成员坦诚合作，有人情味地分享以人为本位，以人为关怀，在工作中享受自由、和谐和平等的工作氛围。

定期汇报，让工作事半功倍

很多企业里有“早请示晚汇报”的规矩，意在督促员工能够更好地工作。然而有的员工对这一规矩却比较反感，他们认为越是这样做起事来越容易束手束脚。有位曾在外企和民企工作过的员工与我分享了两种不同的感受：民企的老板总要求汇报工作，触犯了“疑人不用，用人不疑”的大忌，容易使员工产生不被信任的感觉。老板这样做虽然能随时掌握员工的工作状态和工作进度，但同时也会让员工感到非常压抑。相比之下，在外企看似比较“散漫”的工作氛围中，员工不仅不会变得散漫，反而能增加主动性，工作起来甚至还会有事半功倍的效果。

这位员工的观点代表了多数职场人的想法，但也有一部分人认为“早请示晚汇报”这一规矩并非一无是处。如果在工作过程中能定期与老板进行沟通，就有可能会发现一些潜在的问题并及时解决，这样就能最大程度地避免损失。请示与汇报并不意味着你能力不行，而是通过这种方式让工作做得更好，同时，请示与汇报也能让自己积累更多的工作经验。

不可否认的是，请示对于一些有经验的老员工来说，可能会影响到他们的工作效率，但是定期汇报对老员工来说，无疑是能起到集思广益、避免走弯路的作用。

从另一个方面来说，一个员工要想得到老板的赏识，除了把工作落到实处之外，还有什么方法来达到目的呢？其实很重要的一点就是主动向老板汇报你的工作情况。主动汇报工作首先能让你占据主动，从而引起老板的注意，他会认为你不仅是一个尊重别人的员工，也是一个工作认真负责的员工。

看到这里，有人会对主动汇报就能得到老板青睐的说法产生质疑。那么我们不妨换位思考一下，假如你是一家公司的老板，你手下有这样两个员工，一个员工总是有计划地向你汇报工作中的具体情况，并征询你的意见，有时候他即使出差，你也不会觉得他离开了你，他仿佛就在你眼前工作一样，因为你几乎掌握了他当天全部的工作部署，所以对他十分放心；而另一个员工，他既不会向你汇报工作情况，也很少出现在你面前，而他给你的印象永远是一副忙碌的样子，可你不仅无法知道他具体在忙什么工作，而且还不知道他当天的工作状态如何，甚至你有时候还会想，他会不会假借出差之名躲到家里休息？遇到这样的员工，你自然不会放心。那么现在，如果让你选择一个员工并委以重任，你会选择谁呢？

一个实干型的员工必然是全能员工，他既能在工作中全力以赴，也能照顾全局，替老板着想。所以，我们不应该忽视主动汇报工作这件事情，老板通过这些汇报工作的细节，既能对不同的员工进行打分，同时也能通过员工的汇报，掌握全局以及整个事件的解决过程。所以，要想赢得老板对你的好评，就应该注意到这些细节。

孙毅是公司里有名的工作狂，他有时候为了完成一项任务，可以通宵工作。他犹如一头老黄牛，只知道拼命，却不知道及时向老板汇报自己的工作情况，所以最后不论他付出多少努力，也无法令老板满意。

这几天，他为了一个策划方案忙得天昏地暗，即使工作中遇到了再大的难题，他也从来不向同事求助，更不会向老板说明，而总是选择独自与难题死磕。他总觉得如果求助同事，会让对方看低自己；如果把困难告知老板，则是一种无能的表现。

出于这样的考虑，孙毅开始没日没夜地加班，终于攻克了难题，完成了任务。当他黑着眼圈把策划方案交给老板后，并没有得到他所期待的赞扬。只见老板把方案从头至尾仔细看了一遍，轻轻地嗯了一声，表示基本认可，然后十分严肃地说："这次工作任务比我计划的完成时间晚了一个星期。你要知道，时间就是金钱，如果公司人人都是你这种效率，那公司还能存活吗？你也知道，很多工作只要一点点去做，最后都能有结果。可问题是，我们根本没有那么多时间。"

回到自己的工位后，孙毅心里既难过又失望，他觉得老板刚才那番话太苛刻了，自己付出了那么多的努力才完成了方案，没想到不仅没有得到表扬，反倒被老板批评了一顿。他觉得委屈极了，工作中的劳累和困难他尚且能够忍受，可是老板那番挑剔的话让他十分寒心。一连几天，他工作的时候都打不起精神，脑海里总是不断回响着老板之前的那番话。

孙毅之所以会有这样的处境，归根结底只有四个字：沟通不畅。工作中出现一些仅凭自己能力难以解决的难题是很正常的，这时候最应该做的就是向老板说明情况，获得他的帮助。有了新的力量加入，找到解决难题的金钥匙就容易得多。

案例中的孙毅面对难题，既没有寻求同事的帮助，也没有向老板说明。如此一来，老板自然就不会知道他所面临的难题，因为老板作为企业的掌舵者，几乎没有时间和精力去一一询问每个员工是否遇到了难题。所以，老板在不知道孙毅有难题的情况下，说的那番话尽管有些刻薄，却也合情合理。

如果孙毅当时能够及时把自己面临的难题向老板说明，老板一定会根据实际情况予以帮助，这样一来，孙毅既能在规定的时间里完成任务，又不至于那么辛苦。可惜的是，只因碍于情面，孙毅选择独自面对难题，最后虽然完成了任务却延长了完成期限，又让自己满腹委屈，真是得不偿失。

对于员工来说，应该通过汇报这种沟通方式，让老板知道你的工作进度及存在的问题和困难。如果这些问题和困难自己能够解决，还可以及时让老板知道你的工作能力；如果自己不能解决，又可以顺势请教老板。老板之所以能成为老板，掌管手下众多员工，一定有自己的优势。如果你向老板请教问题，既能体现出你的上进心，又能获得老板的帮助，这样给老板留下一个良好影响的同时，也对你的工作起到事半功倍的效果。

及时汇报自己的工作情况，也是与老板进行沟通的一种极佳方式。只有把及时汇报与踏实肯干结合起来，才能在工作中取得重大突破。

站在老板的角度想问题

有一个小笑话：一个有重度近视的病人去医院配眼镜，眼科医生没有为病人测量眼镜度数，而是从鼻梁上摘下自己的眼镜交给病人，然后说：“这副眼镜我已经戴了很多年，效果非常好，你试戴一下，如果觉得不错就送给你了，反正我家里还有一副。”病人明知道这纯属无稽之谈，但在医生的鼓动下不得不戴上眼镜，只见眼前一片模糊，什么东西也看不清。而此时医生不断地鼓励他：“只要有信心，你一定可以看得到。”

这虽然是一个笑话，但如果放在沟通中，就值得人深思，因为很多人经常会犯像医生一样尚未诊断就开处方的沟通错误。尤其是在与老板的沟通中，因身份不同，员工很容易产生不分青红皂白、妄下断语的毛病。

在日常工作中，员工与老板之间难免会产生一些不愉快。在这种情况下，如果员工处理不当，可能会造成矛盾升级，引发更大的冲突，甚至可能会导致双方的关系彻底破裂。但如果员工愿意换位思考，站在老板的位置去想问题，再与老板进行沟通，那么与老板的冲突可能就在无形中化解了。

小白和小侯是一家公司的员工，一次，他们因不满老板的任务安排，分别去和老板沟通，结果都与老板发生了冲突。小白直接顶撞老板，态度明确地表示：这样安排工作对于我来说不公平，工作强度那么大，薪水与我的付出不成正比。除非给我加薪，否则我宁可不干也不愿意接受这项任务。在这次沟通中，小白虽然一时占了上风，但事后却不知道该怎么面对老板。

小侯向老板表示自己不满的方式很委婉，但老板却始终不肯接受他的观点，依然强制性让他接受任务。无奈之下小侯不情愿地开始工作，付出了相当大的努力才勉强完成工作，事后大病一场，严重地影响了身体健康。

小白和小侯与老板的沟通效果都不尽如人意。出现这种问题虽然有多方面的原因，但最大的原因还是在于他们的沟通出现了问题。任何冲突都是双向的，因为彼此都是按照自己的角度去考虑问题。老板分配任务的时候，考虑的是谁可以胜任并能创造出最大的利益，因为他要对整个公司负责；而员工通常考虑的是这项工作是不是自己的职责，能否为自己带来更大的收益。

也正是如此，只要员工在接受任务时哪怕表现出一丝不情愿，都会被老板看作是推卸责任、找借口。这时，老板就会强令其执行，这样一来，员工自然更难接受，这也是小白和小侯与老板沟通失败的基本原因。如果他们能够转换思维，站在老板的角度考虑问题，或许就能够理解老板那样安排的用意所在了，这样一来，就能避免与老板发生冲突了。

张倩是一家广告公司的策划，专业能力极强，每次策划案做得都很漂亮，因此深得老板赏识。

一次，老板让张倩按照自己定好的大纲完成一个策划方案，并郑重地告诉她，客户是当地一家实力雄厚的房地产公司，这是第一次与对方搭上线，希望以后能够很好地合作。为此，这个策划方案一定要做到让客户满意。

张倩在整理策划大纲时，发现老板的思路存在一个潜在的错误，这个错误虽然不大，但将来极有可能为客户造成巨大的损失。

能发现老板的错误，再次证明了张倩确实有一定的实力。但她并没有为此而沾沾自喜，也没有直接找老板指出这个错误，而是在同事们下班离开之后才委婉地向老板指出这个错误，并拿出了自己的解决方案。张倩此举给了老板足够的尊重，最后老板不仅主动承认了自己错误，还当场拍板按照她的新方案执行。

通过这件事情可以看出，张倩不仅智商高，而且情商也很高。如果张倩在发现老板的错误后，立马指出来并非要和老板争个明白，最后不仅会让老板当众下不了台，甚至还会对自己产生不利。每个人都有自己的个性，有的人敏感，有的人率真，有的人含蓄。老板也是普通人，他也有自己的个性，这体现在他们与员工的互动上。有的老板喜欢广听谏言，经常鼓励员工提意见；有的老板十分自信，认为自己的观点始终是正确的，最忌讳别人破坏他的权威。不论怎样，老板都希望员工能够给予他足够的尊重。

职场中，员工与老板之间经常会出现一些工作上的冲突，多数冲突的原因是因为不满意老板的工作安排。而实际上，有时候老板的工作安排确实存在不合理的地方，但员工想要表达自己的观点时依然要站在老板的角度去考虑问题，这样就能分析出他要达到的目标，然后据此向老板分析其中利弊，老板也会开始反省自己的安排是否真的合理。此时，员工应该及时递上优化后的方案供老板参考，这样一来，老板就会彻底打消你是在推脱工作的质疑，如果你的方案足够好，他必然会予以采纳。

如果你发现自己的价值观、人生观乃至世界观都会与老板有所不同，因而造成工作上的冲突时，要想达到有效沟通，就需要根据实际情况做出不同的应对。假如你的观点是正确的，你需要做的不是立即反驳，而是暂时接受老板的意志，然后寻找老板可以接受的方式去游说他，并分析利弊，使老板的想法慢慢得到改变。假如你被老板批评，首先应该站在老板的角度看问题并反省自己，如果依然发现不了问题，不妨征询身边同事的建议，如果大家一致认为你错了，这时你就应该向老板主动承认错误，既给了老板尊重，又消除了自己委屈。

与老板沟通是一门艺术，不论你说话如何委婉，表达如何清晰，如果不站在老板的角度考虑问题，是很难与老板形成良好的沟通。只有从老板的角度出发，才能与老板的思维保持一致，实现有效沟通。

三思而行，不懂就问

一个能把工作落实的员工在接受一项任务并进行落实的过程中，往往并不急于开始工作，而是先利用一点时间对整个工作进行全方位的思考，比如哪种工作方法更便捷，能否提前完成任务；工作中是否会出现意外情况，一旦出现是否有应对方案等。事前考虑越是周详，工作起来越能得心应手，从而达到事半功倍的效果。

而在职场中，却有不少员工一接到任务就马上投入工作，没有思考，更没有规划，往往是眉毛胡子一把抓，导致工作过程中意外不断，他只能疲于奔命，四处堵漏洞，最后不仅会耽误整个工作进度，而且工作成果也会大打折扣。可见，一个人如果在做事情之前不去思考，不仅不容易做好事情，也无法获得更多的成长。

钟天纬在一家保险公司做销售员，他个性散漫，工作起来也是拖拖拉拉的，和身边勤奋努力的同事形成了非常鲜明的对比。不过，表面看起来懒散的钟天纬似乎总有一些好运气，一次他不费周折地谈下一个百万元的单子，这可把同事们羡慕坏了。

不过，这个单子仅仅是钟天纬与客户达成的口头协议，不到客户付款那一刻，这个单子不算成功。钟天纬的主管对此事格外重视，还特意把自己的工作经验毫无保留地告诉他。比如，如何引导客户看合同，应该把客户约在什么地方签合同，签合同的时候需要注意什么问题，甚至还告诉了去见客户时一定不能忘记带POS机。POS是一种方便、快捷的用银行卡刷卡付款的设备，因为它体积小，携带方便，销售人员在外面签单的时候经常用到它。

面对主管的叮嘱，钟天纬暗想：我都工作了几年了，闭着眼睛都知道怎么和客户谈，还用你教？就这样，他随便带了一只POS机，就自信满满地去见客户了。

见到客户后，钟天纬与他寒暄了几句，马上就进入了正题，开始签合同。合同很顺利地就签完了，钟天纬正引导客户进入付款环节时，却出现了意外情况：POS机始终无法开机。钟天纬摆弄了半天，也没能开机。最后急得满头大汗的钟天纬只能尴尬地和客户道歉，然后跑到外面打电话求救，一问之下才知道，他从公司走得匆忙，也没有仔细检查，拿了一台坏掉的POS机。钟天纬只得请主管派人给他送一台好的POS机。

当钟天纬把原因告诉客户后，本就不耐烦的客户终于爆发了，他生气地指责钟天纬，说他根本就没有诚意，故意耽误他的时间，说完就拂袖而去。

案例中的钟天纬犯了很多老员工都会犯的错误，只凭借丰富的经验去工作，不再愿意深入思考，殊不知，只要停止思考，就有可能在看似简单的事情上栽跟头。工作中没有大小事之分，不论面对一项什么样的任务，要想完美地完成，前提都要进行深入全面的思考，最后才能做到未雨绸缪，避免做一些无用功。

苏格拉底是古希腊著名的哲学家，他和他的学生柏拉图及柏拉图的学生亚里士多德被并称为“古希腊三贤”，被后人广泛地认为是西方哲学的奠基者。

苏格拉底传授学生时，从不直接灌输他们一些深奥的大道理，而是通过生活中的各种事物来启发学生，让他们通过自己的思考收获知识。

这天黄昏，苏格拉底和他的三个学生在外面一边散步，一边纵谈古今。路过一片麦田时，苏格拉底忽然停住了脚步，指着那片麦田对三个学生说：“让我们来做个游戏吧。现在你们三人去麦田里采摘一颗自己认为最饱满的麦穗。每人只有一次机会，采到之后就立马回来。”

三个学生欣然领命。第一个学生刚走进麦田，就远远看到一颗饱满的大麦穗，他急不可耐地上前将其采下。然而，就在这时，他发现不远处也有一颗麦穗，远比手中这颗麦穗饱满多了。他还想继续采摘，可又想到了老师的规矩，只能懊恼而归。第二个学生因有前车之鉴，每次看到一颗饱满的麦穗时，总是不为所动，认为前面还会有更加饱满的麦穗。于是他不断地往前走，直到快走出麦田时，他才发现已经错失采摘麦穗的最佳时机，最后只能失望而归。第三个学生用前三分之一的路程去识别怎样的麦穗才是饱满的麦穗，第二个三分之一的路程去比较判断，在最后的三分之一的路程里他采摘了一颗最饱满的麦穗，自然满意而归。

如果我们把苏格拉底的三个学生归类，第一个学生明显属于“先做了再说”之列。“先做了再说”，省略了思考过程，必然会导致行为的盲目性与无序性，其结果当然“懊恼而归”。第二个学生当属于“等等再说”之列。“等等再说”，总是在思索、观望这个台阶上停滞不前，“只想未做”必定两手空空、“失望而归”。第三个学生则是“先想后做”，他对事物有了充分的认识以及足够的判断之后，才不慌不忙地出手，他当然能够满意而归。

这个故事更进一步地说明了做事前多想一步的重要性。在工作中，有的员工也已经认识到了思考的重要性，所以每当接受任务之后，也开始进行一番思考，偶尔也会遇到一些问题和疑惑。能发现问题和疑问固然是好事，可是他们出于各种考虑，最后选择的不是主动询问老板，而是选择自作主张地开始工作，工作做好了自不必说，可一旦搞砸了，就会受到老板这样的诘问：“当初遇到问题，为什么就不能主动来询问？”

所以，一个工作落实型员工不仅要会思考，遇到自己拿不准的事情也要及时询问老板，这样才能保证万无一失地完成工作。而如何“问”也是一门艺术，因为问得越是准确，越能快速得到解决问题的办法；反之，问得不到位也会产生诸多麻烦。所以，遇到问题需要询问老板的时候，要注意以下几点：

首先，关注时间。问题出现之后，首先应该多方查找资料，参考先例，直到自己竭尽所能也无法解决难题时再去询问老板；而不是一发现问题，没经过自己思考就去询问。询问一两次，老板会觉得你有上进心，但如果次数多了，老板是否还会这么认为那就很难说了。所以，问题出现后先让问题沉淀一会儿，再去询问也不晚。

其次，选择时机。问问题的时机选择直接关系到能否收到令你满意的答案。所以，你应该学会察言观色，趁着老板高兴、有空余的时间去问。如果你没有观察力，撞在老板烦躁的时候去询问，只能自讨苦吃地把老板的火气引到自己身上来。

第三，注意询问方式、措词。如果询问的方式和措词不当，就有可能触犯老板的大忌，最后不仅无法得到答案，还有可能遭受一顿老板狂怒的发泄。所以，在询问问题时，不妨提前斟酌好询问方式和用语。

最后，在得到满意的答案并顺利解决难题之后，你不应该将其抛之脑后，而是应该多问自己一个为什么？为什么我没有想到这一步？为什么我没有这样思考？他怎么就能够快速想出解决问题的办法？在不断的自问下，你才能得到不断反思，才能得到更快地成长。

一名工作落实型员工需要在工作中灵活地把思考和询问结合起来，做到做事之前想好、拿不准的问好，才可能高效而完美地完成工作任务。

第八章

敢啃硬骨头，落实也要勇创新

习近平总书记在参加一次会议时，曾指出，要进一步深化改革，必须“要勇于冲破思想观念的障碍和利益固化的藩篱，敢于啃硬骨头，敢于涉险滩”。如果把“敢于啃硬骨头，敢于涉险滩”这句话作进一步延伸的话，那就是工作中也要勇于创新。创新是一种与时俱进、开拓进取的思想状态和精神风貌，体现在实际工作的方方面面。我们只有不断强化自己的创新意识，才能把自己从陈旧的观念和工作方法中解放出来，以创新的精神研究新情况、解决新问题。

创新+落实=成功

2014年6月9日，习近平总书记在中国科学院第十七次院士大会和中国工程院第十二次院士大会开幕会上指出：我国科技发展的方向就是创新、创新、再创新。

大到一个国家，小到一个企业乃至个人，要想获得更长远的发展，就必须不断创新。只有创新才能推动社会的进步；只有创新才能不断增强企业的竞争力；只有创新才能改进自身的不足，不断获得进步，这也恰好与习近平总书记所强调的“创新、创新、再创新”不谋而合。

有一个现代版“三个和尚”的故事同样说明了创新的重要性。

有三个寺院里都没有水井，寺院里的和尚平时只能去一条离寺院比较远的小河挑水吃。时间一长，三个寺院的和尚都因轮流挑水累得苦不堪言，因此开始试着想一个更为省力、轻松的挑水方法。

第一个寺院的三个和尚经过一番商量，想出了一个接力挑水法，即：第一个和尚从河边挑至半路，然后交给第二个和尚，第二个和尚再挑一段路程，交给第三个和尚并由他把水倒入水缸，然后把空桶传回去再接着挑水。这种挑水方法能从早到晚不断地挑，三个和尚都有时间得到休息，也不会太累，而且更重要的是，可以很快就把水缸添满。这种协作的办法可以叫“机制创新”。

第二个寺院的住持找来三个徒弟，告诉他们说：“为了保证寺院每天都能用到水，我定了一个规矩。每天你们三个人都要去挑水，谁挑得最多，晚饭就能多加一道菜；谁挑得最少，只能吃白米饭和咸菜。”三个和尚拼命去挑，一会儿水缸就挑满了。这个办法叫“管理创新”。

第三个寺院的三个和尚觉得天天挑水太累，得想个办法。他们砍了一些竹子，然后连接在一起，做成了一条运水的管道，然后买了一个辘轳。第一个和尚把一桶水摇上去，第二个和尚专管倒水，第三个和尚在地上休息。三个人轮流换班，一会儿水缸就满了。这种叫“技术创新”。

故事中的和尚挑水，如果没有“机制创新”、“管理创新”、“技术创新”，仅仅通过三个和尚轮流挑水，不仅累得够呛而且效率也不高，挑到最后可能会怨气冲天。一系列的创新后不仅降低了三个和尚的劳动强度，也使得挑水效率得到了极大的提升，更重要的是，他们在合作中增进了感情，形成了一个凝聚力较强的团队。

由此可见，不论对于一个组织还是对于个人来说，创新都有着不可替代的作用。尤其对于员工来说，要想获得成功，就必须在勤奋苦干的基础上学会创新。这两者相互依存，缺一不可。如果一味勤奋苦干，最后有可能像没有创新之前的和尚一样，不仅成效不大，而且也可能让自己陷入疲于奔命的状态；如果一味谈创新而不去落实，那么即使创意再好，也只能是一场空谈。只有在勤奋苦干中，不断思考、不断总结，抓住迸发出的灵感，及时创新，才有可能获得成功，成为真正的工作落实型员工。

英国有一个小镇，曾经每年都需要挖几口井，因为每挖一口井用不了多久就会枯竭。这样的情况持续了几年，直到最后不论怎么挖都挖不出水的时候，小镇居民彻底失望了，因为没有水源就意味着无法存活。

为了解决小镇的用水问题，镇长决定聘请一位送水工，并开出了相当丰厚的酬劳，很快一个名叫保罗的小伙子从众多应征者中脱颖而出，成为该小镇历史上第一位送水工人。

保罗是个非常务实的人，刚签完合同他就开着一辆运水车奔向一处湖泊，用桶汲水，直到装满运水车，然后返回小镇将水注入蓄水池。就这样，保罗需要每天来来回回跑很多次，工作虽然辛苦，但他从来没有抱怨过。

很快，保罗的付出就得到了回报，他拿到了一笔很高的薪水，因此他的干劲更足了。在一次运水途中，疲惫的保罗忽然想到，这么工作下去迟早要把自己累垮的。用什么方法既能赚到钱，又比较轻松呢？

为了解决这个问题，保罗思索了很久。直到有一天，他忽然想到，如果自己能为小镇搭建一条输水的管道，然后向小镇居民收取一定费用，这样既能赚到钱还不用付出太多高强度的劳动，更重要的是，可以一劳永逸地为小镇解决用水问题。

保罗因自己的这个想法激动不已，马上付诸行动。他首先说服了镇长，然后将这项计划做成一份商业书，带着它四处寻找投资人。通过数月的奔波，保罗拜访了近百位有意向的投资者，终于打动了一位投资者。这位投资者不仅投给保罗一笔资金，还帮着他组建了一支建筑队伍。

保罗带着资金和建筑队伍回到了小镇，开始搭建输水管道。通过一年的努力，终于接通了从小镇通往湖泊的大容量的不锈钢管道。水管能够每天24小时不间断地为小镇提供用水，水质有保证，而且价格合理，小镇居民自然十分乐意地接受了。

然而，大获成功的保罗并没有就此止步，而是向其他存在用水问题的小镇推销他的快速、大容量、低成本、卫生的送水系统。这样一来，他不仅解决了许多小镇的用水问题，而且自己也赚得盆满钵满，成为当地有名的企业家。

故事中的保罗是一个既会落实又愿意创新的人，正因如此，才成就了他的事业。试想，如果保罗当初安于现状，不去创新，虽然凭借勤奋也能拿到丰厚的薪水，但他的事业也不会有更大的发展。

那些事业成功的企业家无一不是集落实与创新于一身，他们在工作中不断摸索、积累经验，用实干落实创新，用创新引导落实，从而使企业由小做大，由弱变强，成为行业中的佼佼者。要想在工作中创新并成功创新，前提是要在实干中不断学习。

邓平曾从事过数份工作，最后都因各种原因辞了职，他一度陷入迷茫。后来，经过一段时间的休整，邓平进入一家建材公司。这家公司的老板仅有小学文化，当年在改革开放的浪潮中，凭借运气和实干成就了如今的事业。这位老板喜欢到处兜售他的成功学，在一次公司内部演讲中，他随意翻了翻由秘书写好的演讲稿，折好放入口袋，说道：“我认识的字不多，我也不爱认字，但我就会做生意。”然后发表了一大通读书无用论，言语中的得意展露无遗。

老板的演讲让有过几次失败工作经历的邓平找到了情感共鸣，不仅接纳了老板的“读书无用”的观点，还把老板当成了偶像，勉励自己以后一定要像老板一样开创一番属于自己的事业。从此，邓平停止了学习，虽然工作比较努力，但他的专业水平一直没能得到很大的提升，所以业绩平平，工作了一年多，薪水也一直没有涨。

邓平薪水没涨的原因与公司的业绩有关系。也不知道怎么回事，最近公司经营出现了困局，不论老板如何努力，也无法控制公司业绩下滑。后来，公司开始出现亏损，老板为了保住公司不得不进行裁员，邓平因为表现平庸成了第一批被裁的员工。

对于成功而言，具备苦干、实干的精神固然重要，但在当今社会中，单凭这些素质就想获得成功已经变得越来越难了。就如故事中的老板一样，沉浸在过去的成功中，不知与时俱进，依然用过去的经验经营公司，最后失败也在意料之中。而作为员工的邓平仅因工作不顺就盲从老板的读书无用论，企图复制他的成功。殊不知，如今读书指的并不是接受传统意义上的教育，而是通过阅读大量书籍，学习他人经验和教训，总结出对工作有指导和创新意义的知识，如此才是真正意义上的读书。

不愿意学习、创新的人并非个例，企业家冯仑在《行在宽处》一书中，讲述了一个真实的故事。傻子瓜子的创始人年广久从改革开放之初就开始做生意，是当时非常有名的人物。然而，三十多年过去后，他的企业一直没能发展壮大，规模很小。而同样是在改革开放中创立的联想，在柳传志的带领下，同样用了三十多年的时间就发展成为世界知名企业。两个几乎是同时起步的企业家，最后为何有如此大的差距？

冯仑在书中分析说，联想之所以能够壮大，在于柳传志不断学习和创新的结果；而年广久则固守常态，从来不主动学习，更别说谈创新了。据媒体报道，年广久的办公室除了一张麻将桌，其他什么东西都没有，而他认为，自己和人打麻将的过程中就能谈成生意，因此办公室不需要其他东西。另外，年广久坚决不用秘书，他认为没本事的人才用秘书：我都能自己干，秘书哪有我干得好啊？

大量的事实证明，无论是创业还是工作，只有通过不断学习和创新才能得到发展，只知埋头苦干的人只能获取较小的成功。所以在工作过程中，我们应该将实干与创新结合起来，努力让自己的付出与成果对等起来，如此才算是取得真正意义上的大成功。

打破常规，勇于创新

著名管理学家詹姆斯·莫尔斯曾说：“可持续竞争的唯一优势来自创新能力。”事实确实如此。成功者永远是那些善于开动脑筋、积极创新、敢于打破条条框框的人。

然而在职场中，很多员工尽管在工作中会不时迸发出一些新的创意，但同时又担心在实现创意的过程中会遭到损失，因此一直犹豫不决，甚至干脆放弃创新，维持固有的良好状况。这些人当中不乏有雄心壮志之人，他们曾对自己说：“一定要成就一番事业。”在起初几年的时间里，他们会为此去努力，但是最终成功者却寥寥无几，他们大部分都选择了维持现在的状况，平稳地度过一生。如此一来，自然难成大事了。

1915年，在首届巴拿马太平洋万国博览会中第一次展出了中国名酒茅台。当时，刚进军海外市场的茅台酒虽然在国内享有盛誉，但在国外却知名度不高，鲜有人知晓。再加上茅台酒外包装比较普通，与其他各国包装精美的名酒相比，更显得老土、不够上档次。

展会进行了数天，众多来宾每次路过茅台酒的展台，都只是微微地瞟了一眼就匆匆而过，根本没有兴趣多看一眼。面对这种情况，负责茅台展柜的工作人员他们心急如焚，却又一时难以想到解决办法。

这时，一位工作人员灵机一动，“不小心”将展台上的一瓶茅台打翻在地，顿时酒香四溢，很快就弥漫了整个会场，宾客闻香而来。不大一会儿，茅台酒的展台就被宾客围得水泄不通，他们十分惊奇，外表平淡无奇的茅台酒为何能散发出如此醇厚的味道，甚至有的人还当场试喝茅台酒。一尝之下，更觉得味道上好，于是有了与茅台酒合作的意向。

展会结束后不久，中国的茅台酒厂就接到了大批国外的订单，从此茅台酒开始迈向了国际舞台。

创新的关键就在于打破常规，突破定向思维。在我们常规的思维中，西瓜是圆的，这是毫无疑问的，然而，外国却培植除了方形西瓜，不易滚动，占据空间小，运输、储存、装卸都极为方便，其独特和新奇自然吸引了许多消费者，这就是创新带来的成果。

一个人如果常年在一个固定的环境中工作，容易禁锢思维，在工作中不愿意寻求创新，害怕会给自己的工作带来不必要的麻烦和不可知的风险。然而，随着社会日新月异的变化，如果不能及时创新，我们会发现，以前许多对于我们来说行之有效的方法已经渐渐跟不上时代的步伐。曾经为我们解决过难题的经验，到今天已经不再是良方，而是绊脚石了。如果这时我们还不能放手一搏，主动寻求创新，最后很难在工作中取得重大突破。

艺术大师毕加索说：“创造之前必须先破坏。”如果把这句话放在工作中来说，就是只有打破传统规则，大胆创新，最后才能在工作中取得成绩，而这也是成为一个工作落实型员工必须具备的素质。

敢想，才能有创新

凡是身在职场的人多数应该有这样的体验：刚参加工作时激情满满，得到了快速的成长。然而几年之后工作突然陷入瓶颈，有许多问题需要突破。要想改变这种现状，就要敢想敢干，发散思维，勇于创新。虽然有时候能想到的我们未必能够做到，但做到的前提是首先要想到。所以，不敢大胆地去想，就难以有创新。

爱因斯坦把想象力当作一种可贵的智能，他认为：“想象力比知识更重要，因为知识是有限的，而想象力概括着世界上的一切，它推动着进步，并且是知识进化的源泉。”爱因斯坦小时候并不聪明，甚至被老师断言不会有任何作为。然而，他却在科学研究的事业中做出了划时代的贡献。这一切，都要归功于他丰富的想象力。

16岁那年，爱因斯坦想象自己骑在一条光线上，追赶另一条光线，并且看到了许多奇妙的现象。当时，他的这种奇特的想法被很多人嘲笑，认为他是一个喜欢做白日梦的傻瓜。不论是嘲笑也好，质疑也罢，爱因斯坦从未在意过别人的想法，而是全身心地投入到自己的研究当中。数十年之后，他提出了流传后世的相对论。

新西兰著名物理学家卢瑟福也和爱因斯坦一样，十分重视想象力的作用。他曾说过：“出色的科学家总是善于想象的。”所谓想象，就是由保存在记忆中的表象出发，把这些表象进行加工、改造，使其产生新思想、新方案、新办法，从而创造出新形象的思维过程。这是人的一种思维活动。它能提高创新的层次，因为它不受已有事实的局限，也不受逻辑思维的束缚，所以想象能为我们拓宽创新的视野，为我们的成功埋下伏笔。

然而，在实际工作中，很多员工却不敢想象，因为只要有创新就有可能失败，而循规蹈矩的员工最怕失败。其实，失败并不可怕，很多成功人士都是经历了不少失败后才创新成功的。所以，要想成为一个落实型员工，就应该在合理的范围内大胆想象，说不准偶然一个创新的点子就能让我们顺利地突破限制，让平凡的工作成就自己。

一家集团公司斥巨资修建成一座樱花酒店，酒店开业后，恰巧赶上当地旅游旺季，再加上之前的大肆宣传，使得樱花酒店一夜成名，许多游客都选择入住该酒店。

然而，酒店开业没几天就出现了各种问题。这天，酒店经理来找总裁。总裁见其一副欲言又止的样子，十分奇怪地问道："有话就说，别吞吞吐吐的！"

经理这才说："酒店自开业以来，生意一直很好，但最近却出现了一个问题。"

总裁疑惑地问："酒店生意好是好事啊，怎么会出现问题呢？"

经理说："入住酒店的客人太多，酒店没有多余的休闲场地供他们休息。如果现在不及时解决这个问题，恐怕以后会影响到酒店的生意。"

总裁坐直了身子，问道："那你有什么改进的建议吗？"

经理犹豫了一会儿，终于鼓足勇气说："我倒是有一个建议，但是不知道行不行，还有如果可行的话，必须花费一笔巨额资金。"

总裁愣了一下，说："那就看你的建议有没有创意了。"

经理说："酒店后面有一大块山坡属于我们集团，我想将其利用起来。我刚开始考虑在上面修建一个休闲场所。但考虑到修建休闲场所恐怕要等到明年才能竣工，竣工之后还需要装修。这样一来，还是会对酒店的生意产生影响。所以，我想能不能请客人在山坡上种樱花树，这样就能最大限度地开发那块山坡了，不过酒店需要付出一定成本。"

总裁听后没有说话，沉默一会儿后就起身带着经理朝那块山坡走去。那个山坡非常荒凉，杂草丛生，好在土质比较松软，十分适合种树。总裁在山坡上走了一圈，欣喜地拍了拍经理的肩膀说："现在经过实地观察，我认为你这个建议非常有创意，而且可操作性较强，能有效地吸引和稳定酒店的客人。开发山坡的任务就交给你了，至于资金，你不用担心，我和财务打个招呼，你需要多少钱，直接去领就可以了。”

得到了总裁的肯定和支持，经理十分高兴，马上组织人力投入了工作。两天后，经理将一张精美的海报张贴在酒店门口，具体内容是这样的：“亲爱的顾客，您好！为了让您有更好的服务体验，本酒店特意买下一个山坡，以供各位尊贵的客人种树之用。如果您愿意的话，可以免费种植一株象征纯洁的樱花。本酒店还聘请专业的摄影师为您和您的小树摄影留念，并在树旁立碑，写上您的名字及植树时间。当您再次光临本酒店时，您的小树可能已经绽放出美丽的花朵了。”

海报一经贴出，就引来了许多人的关注，两对前来度蜜月的新婚夫妇当即就要求种一株樱桃以纪念他们的爱情。没多久，酒店后边那个荒凉的山坡上就种满了树木，立上了一块块写满名字和日期的小碑。小树林成了该酒店著名的风景线，每有客人入住，必然会光顾这片小树林。

现实就是如此，越是不敢想，越是没有创新，没有创新自然就没有成功。故事中的经理出于对酒店实际利益的考虑，大胆地提出了免费植树服务的创新之举，意在稳定老顾客、吸引新顾客，可谓目光长远。而事实也证明，这个举措有效地吸引了顾客，也增加了酒店自身的竞争力，可谓一举两得。

有的时候，一个大胆的创新不仅可以成全自己，也可能扭转乾坤，成全无数人。因此，要想成为一名落实型员工，在工作中必须时刻提醒自己要敢于去想，这样才能捕捉到灵感，实现创新。

在工作中不断创新

百度创始人李彦宏曾说过："不创新，毋宁死。"他这句话说得并不夸张，因为百度诞生于互联网时代知识、科技不断创新发展的背景下，如果没有创新，自然就没有今天的成果。

李彦宏不仅鼓励创新，更鼓励自下而上的创新。而事实上，自下而上的创新更具杀伤力，这就是员工集体的力量。曾有人问李彦宏，百度的产品创新有多少是自上而下执行下去的？李彦宏表示有20%，也就是说，百度的80%创新都是自下而上的。

由此可见，百度之所以能在中国搜索市场上占据重要地位，与百度全体员工在工作中努力创新分不开的。而一个具有创新精神的员工同样具有实干精神，因为他们知道，在工作中的创新不是天马行空的想象，创新必须合理而且能为公司创造效益。而要想达成这样的目标，就必须静下心来，投入工作当中，在实践中留心体会，慢慢发现问题，创新也就随之而来了。

美国有一家生产牙膏的公司，经过老板多年的苦心经营，规模不断扩大，销售额不断攀升，其产品已经占据了牙膏市场的很大份额。

对于公司取得的成绩，老板虽然比较满意，但却不敢掉以轻心，因为牙膏市场历来竞争激烈。所以，老板依然像往常一样殚精竭虑地经营者公司，并野心勃勃地开始开拓海外市场。然而就在此时，公司的销售额却开始出现了下滑现象，虽然不严重，但如果不及时采取应对手段，极有可能会给公司造成毁灭性的打击。

于是，老板开始召集全体员工出谋献策，并许诺谁能力挽公司颓势奖励五万美元。重赏之下必有勇夫，于是员工们纷纷说出了自己的建议，有人建议说，重新换一个包装；也有人建议说，稍微降低价格；还有人建议说，再增加几个品牌的种类……

听了许多建议老板都不满意，认为没有可行性。这时，一位在生产车间工作的普通员工给老板递上了一张纸条，上面只是简简单单地写了几个字："将牙膏开口的直径增加一毫米！"在牙膏行业打拼多年的老板恍然大悟，当场就签了一张五万美元的支票给了那位员工。

牙膏的开口比原来增加了一毫米，消费者是无论如何也注意不到这一细微的变化，消费者每天挤出的牙膏的长度没变，可是面积却增加了，原来可以使用一个月的牙膏，二十多天就用完了，这家牙膏厂的营业额得到了迅速的提升。

事后，有好奇的同事询问那位员工："你是如何想到把牙膏开口增加1毫米的创意？"

那位员工解释说：“其实也谈不上什么创意，这完全是从工作中得来的。生产车间的工作虽然十分枯燥，但我尽量避免让自己变得麻木，一边工作一边思考一些问题，比如如果我是公司的老板，我该怎么做才能更多地卖出牙膏。”

“然后就想到了这个办法？”那位同事瞪大了眼睛。

看着惊奇的同时，那位员工挠了挠头，突然变得腼腆起来了：“当然没有那么快了。我并不是一个聪明的人，能想到这个办法绝不是灵光一现，而是经过了半个月的思考。期间，我也曾想过重新设计包装、开发产品种类、降价销售的策略，但后来又被我一一推翻，直到最后，我才想到扩大牙膏开口的办法。”

可见，要想在工作中实现创新，就要明白创新不是天马行空的想象，它必须具备合理性和可行性。而要想达到这样的目的，就必须静下心来，完全投入工作当中，在实践中留心体会，不断发现问题，创新就随之而来了。

福特汽车公司是美国最老牌的汽车公司之一。1956年，福特公司推出了一款性能优越、款式新颖、价格合理的汽车。但奇怪的是，这款性价比较高的汽车投入市场后反响平平，没有出现公司预期的抢购风潮。公司的经理们非常着急，开了好几次会都没能想出一个让汽车畅销的办法。

这时，福特公司里有一个年轻的员工得知这款汽车销售不佳的情况后，也产生了浓厚的兴趣，他开始想用什么办法才能改变这种情况呢？这位年轻的员工四处走访消费者，询问他们对福特的这款新车感受，然后根据调查结果开始思考打动消费者购买汽车的办法。终于有一天，年轻的员工灵光一闪，径直来到经理办公室，向经理提议说："我们应该在报上登广告，标题是花56美元买一辆56型福特。"

这个创意的具体做法是：谁想买一辆1956年生产的福特汽车，只需先付20%货款，余下部分可按每月付56美元的办法支付，直到全部付清。

最后，年轻员工的建议被经理采纳，而且效果十分明显。"花56美元买一辆56型福特"的广告深入人心，它打消了很多人对车价的顾虑，还给人留下了"每个月才花56美元，实在是太划算了"的印象。

奇迹就在这样一句简单的广告词中产生了：短短三个月，该款汽车的销售量就在费城地区的末尾一跃而为全国的冠军。这位年轻员工的才能很快受到了赏识，总部将他调到华盛顿，并委任他为地区经理。后来，这位年轻的员工不断地根据公司的发展趋势，推出了一系列富有创意的举措，最终坐上了福特公司总裁的宝座。这个年轻人的员工就是美国工商界的传奇人物——李·艾柯卡。

故事中，李·艾柯卡所提出的销售创意用今天的话说就是分期付款。而这个销售方法之所以能被消费者接受，在于李·艾柯卡做了大量的市场调查，摸准了消费者的消费心理，然后对症下药，让消费感觉购买福特汽车是非常划算的，这样一来，福特汽车自然就实现了畅销。

想在工作中实现创新也并不是一件多么艰难的事情，只要进入工作岗位就要对得起自己所付出的劳动，不要薪水或者职位尚不理想就放弃自己的工作热情，或者降低自己工作的效率和效果。除此之外，还应该在工作中善于发现问题、总结问题，只有将这两者结合起来，也才能在工作中实现创新。

创新存在细节中

管理大师彼得·杜拉克曾说："行之有效的创新在一开始并不起眼。"这句话的意思是说，很多不起眼的细节往往会造就创新的灵感，从而让一件简单的事情有了一次超常规的突破。

作为企业员工，如果我们想在工作中做出可以左右企业命运的成绩，就应该从细节入手，在细节中创新。因为很多成功的机会都隐藏在细节中，如果我们能改变心浮气躁、浅尝辄止的缺点，把细节做好、做精，那么就很容易寻找到创新的机会，从而获得成功。

日本狮王牙刷公司的社长三井信，就是因为善于在细节中发现创新机会，使自己的职业生涯获得了巨大的飞跃，并实现了自己的事业目标。

三井信原本是狮王牙刷公司的一名普通员工，他和所有上班族一样，每天朝九晚五、兢兢业业地为公司工作。

一天，三井信起床晚了一些，由于公司对迟到者有严厉的惩罚，为了避免迟到，他洗漱非常匆忙。刷牙的时候，他用力稍微大了一些，以至于牙龈出血。在别人看来，不论是什么原因导致牙龈出血，都是一件再正常不过的事情了，没有什么值得大惊小怪的，可是三井信却没有忽略这个细节。

当三井信气喘吁吁地赶到公司时，一看时间，还好没有迟到。他长长地吁了口气，坐到自己的工位上，开始思考刷牙的时候，牙刷为什么会弄伤牙龈。牙刷的构造很简单，不可能是手柄的问题，一定是刷毛有问题。

怎么避免刷毛给牙龈造成伤害呢？三井信开始尝试各种办法来解决这个问题，比如选用更为柔软的材质当刷毛；用热水浸泡刷毛，使之更为柔软；放慢刷牙的速度……尽管他试验了很多次，但这些方法的效果都不太理想。

最后，他注意到了刷毛的形状。他发现刷毛顶端是平面四方形，四方形棱角分明，也许正是原因所在。他想，如果把刷毛的形状由四方形改为更圆滑的形状，是不是效果会更好呢？多次试验之后，他确信把牙刷上的刷毛顶端的形状改为圆形效果会更好。三井信把自己的想法写在报告中，递交给了公司相关部门的领导。公司领导看了三井信的报告后，觉得三井信的想法很有开创性，便决定将圆形刷毛的牙刷正式投入生产。圆形刷毛的牙刷投放市场后大受消费者的欢迎，狮王牙刷公司牙刷的销量就此迈上了一个新的高峰。

把牙刷的刷毛的形状从四方形改为圆形，这样一件小事不但提升了狮王牙刷公司在牙刷市场上的占有率，还改变了三井信的职业生涯。

要想在细节中创新，不仅要像三井信一样在工作中关注细节，还要富有钻研精神。因为仅仅注意到细节仍然无法实现创新，只有把钻研精神运用在细节中才能实现创新。获得“沈阳市技术大王”荣誉称号的黄长龙就是一个通过钻研细节实现创新的佼佼者。

黄长龙是沈阳金碧兰化工有限公司的一名普通员工，是个标准的“80后”。黄长龙初到公司的第一个职位是设备部的管理员，工作内容是管理设备、阀门及各种材料。为了做好这份工作，黄长龙一有时间就抱着一大堆资料，学习各种设备的规格、应用范围及工艺要求。等把这些复杂的数据全部烂熟于心之后，黄长龙就开始思考，如何放置这些设备才能让同事找起来更方便。他对设备重新进行了归类、设计了标签，并将设备的信息录入到电脑中。这样一来，只要通过查询电脑，就能快速找到想要的任何设备或者材料。他的这个小创新为同事们提供了极大的方便。

由于表现突出，黄长龙很快就被调到了环氧丙烷车间，从事操作方面的工作。为了快速进入工作角色，他每天跟着老师傅学习。老师傅的每个操作动作他都默默记在心里，并马上付诸实践，很快就熟练地掌握了操作流程。不久，他被调到中控室，成为一名化工总控工。在这个岗位上，他像原来一样从细节处入手，不断钻研，摸索出了更加有利于实际生产的自动化调控方案，使公司环氧丙烷的产品质量和降低能耗等都有了新突破。

环氧丙烷是公司主要生产的产品，也是公司主要收益的来源之一。但生产环氧丙烷的同时会生成一种名为氯化钙的固体残渣，这种残渣不论对人体还是环境都会产生危害，所以公司每年都会花费大量财力和人力对这些残渣进行无害化处理。由于公司技术水平有限，使得氯化钙残渣的存放量不断增多，如此下去必将会给公司的经营带来一定影响。

得知公司面临的难题之后，黄长龙开动了脑筋，开始对氯化钙残渣进行了一系列的研究。最后，他拿出了两个既能为公司带来经济效益，又能使氯化钙固体残渣变废为宝的方案。第一套方案是将氯化钙残渣当成制作空心砖的材料，或者将氯化钙残渣混入水泥混凝土中，这样就能让水泥更好地凝固。第二套方案是将氯化钙残渣用水进行搅拌、沉淀、分离、提纯干燥等措施，从而制成无水氯化钙，并将其应用于石油化工行业的脱水干燥剂。这两套方案使公司多年来无处存放固体残渣的难题得到了彻底解决，黄长龙也因此获得了公司合理化建议优秀项目奖。

创新成果从细节中发现，企业增效从细节中来。黄长龙虽然是一位普通员工，却能凭借钻研精神，从工作的细节中不断思考和实现创新，为公司做出不平凡的贡献。黄长龙的故事告诉我们，尽管每一个细节看起来都那么微不足道，但只要肯钻研，最后一定能从小细节中实现大创新。

第九章

循流程，执行更顺畅

每个企业都有自己的工作流程，它是衡量一个员工是否有执行力的基本准则之一。一个员工如果不能很好地执行流程，他就有可能犯一些工作中的低级错误。企业之所以要求员工严格执行流程，主要是因为流程是无数人的经验总结，适用于绝大多数员工，它可以最大程度地帮助我们避免犯一些低级的错误，并能有效地提升我们的工作效率。所以，在工作中，我们应该严格地遵循流程，力争成为一名合格的员工。

尊重流程就是尊重自己

工作中，有的员工比较反感企业制定的工作流程，总觉得规规矩矩地执行工作流程实在太烦琐，不如按自己的思路干痛快。实际上，那些看似烦琐的工作流程既能让我们更加专业化和职业化，又能保证我们的工作质量。甚至有时候，流程的执行是否到位还会影响我们的生命安全。

2009年4月10日上午，在山西太原火车站附近的一家汽车维修站内，一位技术人员在工作时因操作不当使油箱爆炸，结果导致一人死亡一人重伤。据调查，之所以出现这样的意外，完全是因为这位技术人员没有执行既定的工作流程。当时，他正在焊接汽车油箱。按照正确的操作流程，放干油箱的汽油之后必须对油箱不断进行抽气，然后才能进行焊接。虽然这位技术人员也将抽气管插入了油箱，但他却忘了打开气泵。结果，焊接导致油箱高温，一遇到油箱内残留挥发的汽油，立即产生了爆炸。

可见，不执行工作流程会导致极其可怕的后果，而现实中像这样的悲剧不仅一例。据媒体报道，2007年6月29日下午，在深圳罗湖区水库新村某小区12楼一家公司上班的唐小姐跟往常一样准备坐电梯外出。电梯门开启后，唐小姐和平时一样抬起一只脚踏进了电梯，然而就在这一瞬间，电梯在轿门及层门都没有关闭的情况下竟突然启动，笔直往下运行。唐小姐来不及反应，半边身子还悬在电梯外面，一下子被拖入了轿厢与井道壁之间。电梯一直运行到9楼时，才被卡住停了下来。

小区保安发现电梯停止运行后赶到了9楼，发现电梯门缝里有鲜血。几名保安人员赶紧用工具撬开电梯门，这才发现唐小姐被夹在电梯轿厢与井道壁之间，全身血肉模糊，当医护人员赶到现场时，唐小姐被证实已经死亡。

而这场惨剧的制造者不是别人，正是电梯的维修人员。原来这天下午，一位电梯维修人员接到通知来到该小区维修电梯。然而在维修电梯过程中，该维修人员没有在楼层中设置任何维修警示的防护措施，依然将电梯保持在正常运行状态。这个明显的违规操作直接导致了悲剧的发生。

现实中很多行业大都曾发生过类似的惨剧。而这些惨剧频频发生的最大原因就是因为没有执行既定的工作流程。很多员工不是意识不到执行工作流程的重要性，而是因为嫌麻烦产生一种侥幸心理，认为凭自己的聪明才智和丰富的工作经验，即使不按照流程工作也不会发生意外。殊不知，一时的麻痹大意真的会招致意外的降临。

对于把工作落实型员工来说，他们会遵守企业制定的工作流程，因为他们知道，遵循工作流程不仅可以最大限度地避免工作中出现失误，而且还可以提高自身的职业素养。

韩忠是天富南热电公司的锅炉班长，在二十多年的工作生涯中，他始终铭记自己的工作职责，以高要求、高严格的标准要求自己。为了能严格遵循工作流程，提高机组安全运行管理水平，确保员工的人身安全，他每天总是第一个上班，风雨无阻。之后进入生产现场查看机组运行情况，认真倾听值班人员对生产情况的分析汇报。他的苛刻是出了名的，对事不对人的工作态度让他“得罪”了不少人。但是，他的一言一行又深深地影响着班组的每一个成员，不到两年的工夫他就带了出了五名锅炉骨干，这在其他班组是没有的情况。

一次，锅炉吹灰机无法正常工作，需要有人立即查明原因。一位维修人员接到电话立即来到现场进行检查。查找到原因后，他似乎忘了通知运行人员，便挽起袖子，拿起工具开始干活。韩忠及时发现了这一情况并上前制止，还严厉地让他开好工作票再开始工作。

可是，那位维修人员不理解韩忠的一片好心，反过来抱怨他说：“本来几分钟就能解决的问题，让你这么一折腾，非得半个小时才能完成。”要是别人听到这话必然会勃然大怒，但韩忠却笑着说：“好小子，还敢顶撞我。你应该知道这里的规矩，在查明机器故障原因后，按照工作流程，必须先通知运行人员，开出工作票，然后等运行人员做好安全措施后才能开始工作，这样才能保证你的人身安全。”那位维修人员一听，羞愧地低下了头。

工作中，不论是谁，只要违反了规章制度，一旦被韩忠发现，他都会严厉制止。但是在工作之外，他对待每一个人都像对待自己亲人一样。也正是如此，到今天为止，他带的班组没有发生过一起事故。

通过真实案例的对比，不难发现，很多员工在工作中造成重大事故的原因，就是因为不按照流程办事、盲目落实造成的。因此，要想成为一名落实型员工，就应该重视工作流程，并能要求自己严格执行，只有如此，才能把工作执行到位。

流程执行到位，结果才能到位

工作中，很多人认为：我在规定时间内做出了成绩，就没有必要重视流程了。这话乍听起来似乎有些道理，其实不然，因为这些员工看似做出了所谓的成绩，实际上却不具备执行力。因为忽略了工作流程，这次可能侥幸取得了成绩，但长此以往肯定会出问题。

一位中国学生刚到日本留学，和很多留学生一样，为了赚取生活费，他利用课余时间去一家餐厅洗盘子。日本老板告诉他这样一条洗盘子的规矩：用洗洁精洗过盘子之后，再用清水冲刷七遍。但由于洗盘子的工作是按件计酬的，这位留学生辛苦一天之后也没赚到多少钱。连续干了几天之后，他发现盘子刷到第五遍时就已经很干净了，根本没有必要刷七遍。

于是，在接下来的几天里，他开始偷懒，每个盘子少刷两遍。这样一来，工作效率大大增加了，薪水也有了大幅度增长。可是，日本老板是一个严谨的人，一次在抽查盘子清洗的时候，发现了这位留学生偷懒并严厉地批评了他一顿。

留学生颇为不服气地说："洗五遍盘子和洗七遍盘子根本没有什么区别啊！"

老板严肃地说："把盘子洗七遍是餐厅的工作标准，也是餐厅的要求。既然你无法按照标准流程做事，那么就请你离开吧。"

这位日本老板的逻辑是，工作流程标准是针对所有员工设置的并非针对个人，所以只要你只要是餐厅的员工，就必须遵守这里的规矩，否则只能马上走人。

这个事例可以看出，仅仅对工作结果负责是远远不够的。如果没有把工作流程做到位，依然算不上优秀的员工。无法将工作流程做到位，首先是工作态度不端正；其次，企业设计工作流程的目的是为了提高员工的工作效率并避免员工犯错。如果员工不愿意遵守工作流程，也就意味着增加了犯错的几率。

对于实干型员工来说，绝对不会把"走流程"等同于"走形式"。因为他们知道，一旦心生"走形式"的念头时，在执行工作流程时就会滋生差不多的想法，纵容自己偷懒，从而使工作成果大打折扣。要知道，某些看似无足轻重的工作环节，其实影响着整个的工作成果。

工作中，如果不能把工作流程做到位，即使结果再漂亮，对整个团队乃至企业也不会带来多少益处。因为在讲究团队协作的今天，任何员工脱离了工作流程选择单打独斗，都有可能造成团队混乱，从而降低团队的整体效率。

有的人看到这里，可能会产生这样的疑问：如果一项工作通过变通依然能取得完美的结果，那么一味死板地执行工作流程是否还有意义？在回答这个问题之前，我们不妨先看这样一个案例。

很多快递公司有这样的规定：凡是需要邮寄的物品超过规定的重量，需要另行收费。日本一家快递公司也有这样一项限制，它对客户邮寄物品重量的限制是五公斤。

有一次，一位客户邮寄一份只有两张纸的信。在我们看来，几乎都不用想，两张薄薄的信纸是无论如何也不会超过五公斤的，所以也就没有必要去称重了。但日本快递公司的工作人员却不这么想，不论客户需要邮寄的是什么物品，拿来之后第一个工作程序就是过秤。秤显示的重量没有超过公司的规定，他才进行下一项工作流程。

一般人一眼就能判断出物品的重量，日本快递的员工为何却非要死板地按照流程工作？这是因为，他们知道不论工作大小，只有尊重工作流程最后才能执行彻底。说到底，尊重工作流程最后尊重的是自己。

众所周知，日本人非常喜欢吃河豚。河豚虽然肉质鲜美，但其体内含有剧毒，一旦处理不慎，人吃过之后就有可能导致中毒，甚至是丧命。中国向来有“舍命吃河豚”的说法，可见其毒性之强烈。在中国，每年因吃河豚中毒甚至是死亡的事例也不在少数。但在日本，同样是吃河豚，却鲜有中毒、死亡的事情发生，这究竟是什么原因？

答案还是在对流程的执行态度上。在日本，加工河豚的流程格外严格，一名河豚厨师要经过两年，甚至是两年以上的严格培训，并且通过考试，才有资格上岗。在实际操作中，要想彻底清除掉河豚体内的毒素，需要经过30道工序。而完成这些工序，至少得20分钟。令人敬佩的是，这些厨师并没有因工序繁琐复杂就省略哪怕其中一项工序。他们会以高度的责任感要求自己按照规定工序操作，绝不会少一道工序。这种严格执行工作程序的态度，与日本快递公司的员工“只相信秤，不相信手感”的态度如出一辙。

相比之下，中国因河豚中毒事件屡见报端，使得政府不得不三令五申，禁止河豚在市场上销售。根本原因在于厨师在加工河豚时不仅没有严格执行处理河豚的工序，一味追求省时省力，结果导致河豚中毒事件频频发生。

或许很多人并不能理解处理河豚为什么非要进行30道工序，而不是29道或者更少，但一个基本的事实是，这30道工序绝不是凭空杜撰出来的，一定是经过专业人士测试出来的。因为它可以最大限度地保证人们在吃过河豚之后不中毒。

很多企业设置的工作流程也是如此。一些职位的职能设定可能是一些无关紧要的工作，但企业为何要保留它，而不是干脆取消？这是因为企业考虑的是整体的工作效率，而不是某个职位的效率。

在企业中，最关心员工能否做到遵循工作流程的人是老板，因为企业要想获得更长远的发展，必须依靠规范化管理。当企业处于草创时期，员工较少时，“人治”往往可以起到凝集人心、激发员工潜力的作用。但随着企业不断发展壮大，“人治”就会显现出诸如管理混乱、帮派林立、搞关系等一系列弊端。这都是一味采取“人治”管理可能会出现的情况。而对于一个目光长远且有抱负的老板来说，他会格外看重员工对工作流程的执行态度。

因此，要想成为一名落实型员工，首先要明白，有什么样的流程，就会有什么样的结果。如果我们不能把每个工作流程都执行到位，最后呈现出的结果也很难完美。所以，只有按流程执行，把工作流程做到位，才能让工作呈现出最完美的结果。

在流程中创造价值

工作中，如果我们只是一味地按照流程执行任务，最后得到的仅仅是一份微薄的薪水。因为企业所需要的不仅仅是会执行流程的员工，更需要能在流程中创造出价值的员工。如果员工能在流程中创造出价值，那不仅是为公司创造了价值，更是为自己创造了价值。

有“世界第一CEO”之称的杰克·韦尔奇在自传中讲过这样一个故事：一次，他翻看公司的财务报表时惊奇地发现，公司在第四季度的毛利润非常可观，但纯利润却很低，他便追问其中缘由。

下属告诉他说：“在第四季度里，我们开展了销售竞争，每个员工干得都十分出色。”

“那为什么公司几乎没有利润？”

“我们没有要求他们创造利润。”

事后，杰克·韦尔奇进行了深刻的反思，认为这是很多企业经常遇到的通病。因为很多员工对工作就是如此理解：我仅仅是为了完成任务，企业赚不赚钱与我无关，每月能给我发出薪水就可以了。而实际上，如果我们只是机械地执行工作流程，也不在乎自己的工作成果是否真的能为企业创造价值，最后肯定会失去上级对自己的信任。

有这样一个真实的案例：一位员工受老板指派去核对出入库单，并查询款项结算情况。很快，这位员工就回来复命，他把一张清单交给了老板，上面列出了已结款和未结款货物。在他看来，自己已经完成了任务，拿出了完美的结果。可事实上，老板看过这份清单之后，十分生气地把员工批评了一顿，原因是他没有完成任务。

别人或许会认为那位员工已经做得相当不错了，老板未免太苛刻了。是的，从表面看起来，老板的行为确实容易让人义愤填膺，可实际上，我们如果愿意重新思考一下，或许就能理解老板的暴怒了。

一般来说，员工会认为，执行完工作流程就等于完成了任务，但如果站在老板的角度来看，仅仅执行流程是不够的，员工还需要为企业创造出价值。以上面案例中的那位员工为例，如果考核结果，他好像也完成了任务。但老板为什么还要批评他呢？因为他只懂得一味执行流程，没能为公司创造出价值。当然，有人会对此产生质疑：这么简单的工作，怎么能为企业创造出价值呢？其实，如果我们能用一种主人翁的态度去执行工作流程的话，那么不论做什么工作都能为企业创造出价值。如果这个员工能多想一步，详细地列出结款和未结款的情况，并向老板分析哪方面可能出现了问题，具体原因是什么，这就是为企业创造了价值。

也有的员工在企业里勤奋苦干，不抱怨，不逃避，能按时完成任务，也很少犯错误。然而可惜的是，就是这样的员工即使在企业兢兢业业干一辈子，最后也很难得到晋升的机会。之所以会这样，是因为他没有为企业创造出价值。而实际上，对于一个落实型员工来说，他不会把走完工作流程看作是完成任务，而是要在完成的过程中创造出价值来，这样才能赢得机会。下面这个真实的故事进一步阐释了“在工作流程中创造价值比执行完流程更重要”的理念。

19世纪中期，美国兴起石油开采热，有一个青年抱着赚取大量财富的野心来到了采油区。虽然他自认为很聪明，可以直接干一件大事，但最后他得到的却是一份没有一点技术含量的工作：每天检查石油罐的盖子自动焊接是否完全，以确保石油不会出现洒漏的情况。

就这样，青年每天都要监视机器不断重复的一套动作：首先运输带将石油罐送到一个旋转平台后，焊接机自动滴下，沿着盖子回转一周，然后油罐就可以下线入库。他的工作就是确保这道工序不会出现问题，一天下来，他需要认真地检查几百罐石油罐，而且天天如此，这真是一份枯燥的工作。后来，青年实在无法忍受下去了，他觉得自己并不比别人差，可为什么偏偏是自己要做这么简单而枯燥的工作？于是便去找主管提出换工作的要求。主管没有丝毫耐心听他说换工作的理由，就直言不讳地说：“我只给你两个选择，一是好好干，二是马上走人。”

青年当时感到血气上涌，真想立即辞职走人，可又一想，如果现在走可能一时半会儿也找不到合适的工作。于是他又默默地回到工作岗位上，思考如何才能获得更好的工作机会。想着想着，他突然醒悟：与其费力不讨好地要求主管换工作，还不如在这个工作岗位上做出一番成绩，到时候不怕主管不欣赏我。

有了这样的想法，第二天青年的工作态度就有了变化。以前在工作中，青年只是麻木地执行流程，从来没有深入思考过关于工作方面的事情。而现在则不一样了，他觉得与其机械地执行流程还不如改变心态，把流程中找到工作的乐趣。于是，他开始仔细观察机器的整个工作流程，越看越觉得有意思。没过多久，他就在机器重复运转中发现了一个非常有意思的细节：罐子旋转一次，焊接剂一定会滴落39滴，但总会有那么一两滴没有起到作用。他突然想到：如果能将焊接剂减少一两滴，这将会节省多少焊接剂？

于是，经过一番研究，他研制出“37滴型”焊接机，用这种机器焊接的石油罐仍然存在漏油的问题。他没有灰心，很快又研制出“38滴型”焊接机。这次的发明彻底解决了油罐漏油的问题，同时每焊接一罐石油都会为公司节省一滴焊接剂。虽然节省的只是一滴焊接剂，但一年下来，却给公司节省了上亿美元的成本。

这位青年就是后来闻名世界的标准石油公司的掌门人——约翰D.洛克菲勒。如果当年洛克菲勒只是麻木地执行流程，而不是在流程中为企业创造价值，那么会出现什么样的结果？也许他依然每天浑浑噩噩地执行着流程，想要离开却又没有勇气，只会一个劲地抱怨自己没有机会。

其实，很多工作听起来都是十分光鲜，其实都比较枯燥乏味，我们不能只看表面而忽略了其本质。所以，不论身在哪个岗位上，我们都应该明白，决定以后职场发展的并不是职位高低，而在于我们能否为企业创造出价值。

在工作中创造出价值是实干型员工的终极目标。每个员工都想得到升职和加薪的机会，而这些机会都是由我们为企业创造的价值决定的。“真正的实干型员工，不是只懂得机械地执行工作流程而不知道创造价值，而是既能执行工作流程又能为企业创造价值的员工。

可见，一个员工只要认真对待工作流程，不断总结，最后一定能够发现机会，为企业创造价值的同时也成就自我。

适应流程才能胜任工作

作为企业的一分子，最应该做的是及时且不打折扣地执行企业的战略及工作流程，因为企业制定的战略和流程都较为合理和完整，能够有效地提高我们的工作效率，防止出现差错。老板最忌讳的就是那种既不能提出建议又不断抱怨流程的员工。在老板看来，这样的员工既没有创造力，又没有实干精神，只是喜欢挑剔与抱怨，他自然不会对这样的员工委以重任。

对于实干型的员工来说，他即使发现企业某项流程有问题，第一反应是积极地寻找改进流程的办法，而非抱怨。即使建议没有被老板采纳，他也不会因此心生不满，而是会反省自身，努力适应企业的流程。

迪克兰是美国赫赫有名的杜邦公司的销售员，他很有个性，凭借自己的聪明和努力很快就脱颖而出，引起了上级的重视。然而，就是这么一位优秀的员工，却无法适应公司制定的各种“数据分析”、“流程表”、“申请”等多方面的工作流程。他认为，衡量一位销售员的最佳标准就是销售业绩，而现在让员工每天填写大量的表格，难道能够提升员工的业绩？如果不能，那这些流程就会占用员工大量时间，从而影响到他们的工作效率。

此外，迪克兰也不喜欢参加各种会议，他认为这些会议没有任何意义，有开会的时间还不如去见一位客户。有时候即使遇上一些无法推脱的会议，他也只是坐在最后一排，既不愿意总结自己的工作得失，也不愿意学习别人的工作经验。对于上级安排的事情，他一忙起来就会忘记，最后非得等到上级打电话催促，他才动手去做。

而杜邦公司作为“军工出身”的百年企业，十分注重工作流程，强调汇报，希望通过这些流程时刻掌握每一位员工的动态。这样一来，个性鲜明的迪克兰自然很难与公司的各种流程融合在一起。与他同期进入公司的同事，纷纷被委以重任，而只有屡次让上级失望的他被冷落一旁。

职场中，像迪克兰这样有能力却不愿意遵守企业工作流程的员工不在少数。不可否认的是，这样的员工虽然单兵作战的能力很强，但最后几乎都不会取得大的成功。之所以会有这样的结果，最大的原因在于他们只知道抱怨并不主动适应工作流程。而他们还会感到满腹委屈，觉得自己为企业做出了这么大的成绩，却总是受不到重视。对企业来说，一个员工必须做到重视企业的流程制度，理解和认同企业文化，并能在遵循流程的基础上行动。

而实际上，几乎所有的企业中都会有员工对流程产生抱怨：有的是因为无法适应工作中的某个流程，所以抱怨流程设置不合理；有的是因为没有深入理解流程的内涵和外延，结果一旦出现错误，就找流程的问题；有的是因为工作方法不当而出现问题，也把责任推到流程上去等等。

抱怨虽然能带来短暂的发泄快感，但抱怨之后，该面对的问题还得去面对，因此并不利于解决问题。所以，当我们发现企业流程有问题后，首先应该做的不是抱怨，而是尝试向老板提出改进建议。如果被采纳，自然是皆大欢喜；反之，那就彻底停止抱怨，做一个执行者。要知道，企业之所以聘用我们，是期望我们能为企业做出一定成绩，而不是让我们来提建议的。

职场中，一个员工因不满工作流程而抱怨几句是很正常的现象。但如果因抱怨而停滞不前，甚至丧失了执行力，就得不偿失了。因为对于员工来说，企业工作流程就是一个游戏规则，不管它是否合理，只要身在企业一天，就只能遵守。这就像参加比赛的运动员，要想拿到冠军，就必须遵守比赛规则。如果违反了规则，即使表现再优秀，仍与冠军无缘。

所以，我们应该做这样一个反思：我们的抱怨能否让人信服？有的员工抱怨工作流程，很大一部分原因并不是流程真的不合理，而仅仅是因为他被流程所限制，得不到自己想要的利益。这种因个人私利而不断抱怨企业流程的员工，最后多数都会被职场淘汰，成为一个失败者。

有位企业老板讲过这样一个真实的故事。他有一个朋友，从事销售工作，口才极好，能力也很强，虽然做了20多年的销售，工作经验也十分丰富，但只能在一些小公司里打工，偶尔也会连吹带蒙应聘到一些大型企业做营销总监，但一般都无法坚持做到半年就会走人。

这位老板也觉得这位做销售的朋友是他见过的最优秀的销售人才，原本想请他来公司帮忙，可是考虑再三，还是不敢用他。不敢用的原因，在于这个朋友不管到哪家公司，都会想方设法把公司的钱收入自己的腰包，从来不考虑公司的利益。按照他的能力，完全可以在大公司担任一些重要职位，可他最不愿意去的就是大公司。因为那些大公司，一般都有标准的工作流程和考核制度。在这样的公司里，他虽然能胜任工作，但是却无法为自己谋取私利。所以，他宁愿去一些管理上存在漏洞的小公司打工，也不愿意去大公司工作。

有一次，此人不知道用什么方法打动了一家大公司的老板，去这家公司做了营销总监。但是没过几个月，他就选择辞职去了一家小公司工作。在一次喝酒的时候，他透露了辞职的原因。原来在上一家公司工作的时候，工作流程异常严格，不论合同大小，都必须经过几个部门的负责人亲笔签字才能生效。这样的一家公司任他再有能耐，也没有办法捞到油水，只能辞职走人。

职场中，像这样人的并不在少数，他们虽然有一定的能力，但目光短浅，只想不劳而获，常常不尊重企业的工作流程，甚至还找机会钻企业的管理漏洞，中饱私囊，到头来不仅是竹篮打水一场空，甚至还可能会因此摊上官司，亲手毁掉自己的职业生涯。还有一种员工，他们个性鲜明且有才能，但就是不喜欢被企业的各种流程制度所限制，因此对流程抱怨不断，给企业造成了不良的影响。

有一个员工通过几年的努力成为部门经理，再加上与老板私人关系非常好，一时间他成了公司的红人。他确实也有才能，担任部门经理期间，提出的不少建议都被采纳，再加上他为人仗义，对下属非常关心，因此很受员工们的拥护。

后来，因公司发展需要，老板从外面请来一位职业经理人做总裁，这位总裁到任之后，做的第一件事情就是完善公司的流程制度，让公司走上正轨。

对于总裁的举措他极力反对，理由是他认为总裁不熟悉公司的业务，制定的流程制度肯定会不合理，到最后一定会让员工工作起来都是走形式。而实际上是，新流程的制定多多少少会对他在公司的影响力造成一定影响。但不论他如何反对，最后总裁还是完成了公司流程制度的改革。

从此，他的工作态度有了巨大的变化，常常不执行工作流程制度，给其他部门的工作带来了一定阻碍。见他如此，老板也曾找他谈过几次话，但效果甚微。最后老板虽然非常欣赏他，但为了公司未来的发展，还是辞退了他。

通过这个案例不难看出，出于个人私欲去抱怨企业流程是非常不明智的。要知道，企业的流程是为了提高全体员工的工作效率，不为个人意愿而转移。所以，面对企业的流程，我们应该主动去适应，而非抱怨。因为抱怨不仅难以解决问题，甚至还会让我们错失一些机遇。

维护流程，员工有责

作为企业员工，我们除了按照流程完成工作之外，还需要主动站出来维护流程的严肃性，因为我们自己虽然遵照流程了，但是如果别人破坏、违反流程，不仅会影响到自己的工作，甚至也会对企业造成一定的影响。

1998年除夕，全国上下处在一片热闹、喜悦中，万科地产集团上海分公司的一个销售主任却心情低沉，他义愤填膺地飞往深圳总部告“御状”。

原来，万科地产集团上海分公司最近从总部派来一位销售经理，销售主任与这位新任经理因工作理念不同，从而产生了矛盾。销售经理一怒之下，直接开除了销售主任。如果放在其他企业中，这是一件很平常的事情，但万科却不同。万科在人事制度中有明确的规定：基层管理者如果在工作中犯了错误，先做降职处理，以观后效。如果表现仍然不好，才能将其辞退。

万科总部经过调查表明，那位销售经理确实违反了公司的解聘流程。而销售经理得知此事惊动总部后，居然强硬地回应道："如果总部要我收回炒人的决定，我就辞职。"

如果换到其他公司，很可能会做出让步，遵从销售经理的决定。毕竟相比起来，销售经理为公司做的贡献要远远多于销售主任。但是万科是一家非常注重流程制度的企业，所以，万科的老总王石最后做出了这样的决定：撤销对销售主任的辞退，改为降职降薪处理；接受销售经理的辞职。

案例中的销售主任在为自己讨公道的时候，也许仅仅是把公司的流程作为一个工具，但也无意中维护了公司流程的严肃性。而王石作为企业的最高领导人，能够不皱眉头地直接砍掉销售经理，足见其对企业制度和流程的重视程度。在王石看来，如果企业的制度和流程遭到破坏，就等于开了一个先例，制度流程的约束力就会大为减弱，甚至会流为一纸空文。

正是因为把制度和流程奉为经营圭臬，万科才得到了健康、高速的发展机会，成为今天知名的地产企业。在万科内部，下级不一定要对上级唯命是从，但是所有人都必须遵循公司的制度和流程。万科的内部网站面面俱到地列出了各种制度和流程，对指导员工工作起到了重大作用，员工十分清楚地知道什么事情该做，什么事情不该做。这样一来，极大地提高了员工的工作效率，也让员工明白了要想获得进一步的升迁，就必须通过自己的能力而非人际关系。

维护流程，意味着我们在工作中不能一味追求速度而忽视工作质量。确实，在当下整体要求高效的社会中，速度虽然是成功的必要条件，但如果保证不了工作质量，那么再快的速度也是枉然。在房地产行业里，由孙宏斌缔造的顺驰作为后起之秀，曾屡创速度奇迹，但也正因为太多追求速度，顺驰最终因资金链断裂而被路劲基建公司收购。

顺驰内部原本有一套非常合理的工作流程，但由于公司过于追求发展速度，从而导致这些流程形同虚设。据说，在顺驰的一个分公司，一个普通员工不用和上级打招呼，可以直接签署上百万元的合同。这不难看出顺驰失败的原因之一就是因为员工没有严格执行公司流程。

企业和员工是一荣俱荣、一损俱损的关系。企业发展好了，员工也就会有更大的发展；反之，员工就会面临收益低下甚至是失业的问题。所以，作为企业员工，我们应该把企业的利益当成自己的利益，严格执行企业的工作流程，为企业的发展贡献出自己的一份力量。

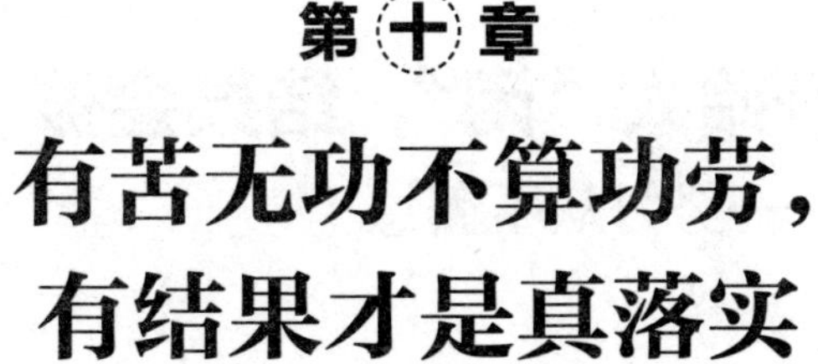

第十章

有苦无功不算功劳，有结果才是真落实

结果是企业成长的基石、发展的动力，没有结果，企业就等于失去前进的动力。同样，在工作中做不出完美结果的员工，就意味着无法胜任工作。没有结果，一切没有意义。只有在工作中能拿出最好结果的员工，才是真正能把工作落实型的员工。所有懂落实的员工都有一个共同的特征，就是他们不会让自己付出的努力和汗水白费，一定会竭尽全力，创造最出色、最完美的结果！

开始太“闲”，结果会被“嫌”
——努力从不懈怠

在职场中，谁都希望自己能够成为精英，备受上级、同事的关注。然而，最后脱颖而出的只是少数人，大多数人虽然也有付出，但最后却没能实现自己的目标。那么我们是否该怀疑“努力就有回报”这句话的正确性呢？其实，这句话没有错，只要我们肯努力，最后必然会有收获。

纵观职场，很多员工一时兴起，制定了年度计划、季度计划甚至是月计划，然而可惜的是，热度一过，他们就把当初精心制定的计划抛之脑后，或者是只坚持了数月就被惰性彻底打败。这样一来又如何能获得成功呢？可见，要想达成一个目标，除了全力以赴之外，还必须做到长期坚持，唯有如此，才有可能取得完美的结果。

科林·鲍威尔是美国第一位黑人四星上将和黑人国务卿，同时也是历史上最年轻的参谋长联席会议主席，又在美国四任总统班子中担任过不同的高级职务。虽已退出政坛多年，但他在美国乃至世界上依旧是一位传奇人物。

出生于1937年的科林·鲍威尔自幼在读书方面没有显示出多少天赋，但是异常勤奋。19岁那年，鲍威尔利用暑假在长岛一家生产百事可乐的工厂兼职，工作内容是擦掉洒在地上的糖浆。他工作十分卖命，总想将这份工作做到最好。

暑假结束后，老板对他的表现十分满意，询问他明年是否愿意再来工作。鲍威尔当然愿意，只不过他提出了一个要求——不再当勤杂工。第二年暑假，他如愿成为了流水线上的工人。多年后，他在自己写的《我赢定了：鲍威尔生活和领导的艺术》一书中，解释了他当时的成功：“不管工作多辛苦，不管喜不喜欢做，喜不喜欢某个老板，喜不喜欢工作的环境和伙伴，我都会竭尽全力做到最好。”

1958年，鲍威尔从纽约市立学院毕业后，成为了一名军人。在军队中，鲍威尔始终保持了在百事可乐工厂的工作作风：努力、认真、从不懈怠。

鲍威尔的优秀表现使他不断高升，并最终受到了总统的青睐。1987年12月，鲍威尔被任命为国家安全顾问。两年之后，又被老布什总统任命为参谋长联席会议主席，晋升四星上将。当时，鲍威尔说了一句平常而有力的感言：“我没玩过桥牌、高尔夫球或网球，我是在军队中一级级提上来的。”

鲍威尔是一个典型的美国梦实现者。他的成功之路上没有捷径，只有长年坚持不懈的努力。其实，不论是大人物还是小人物，要想获得成功，必须要长年坚持努力。尤其是当下竞争越来越激烈的职场，我们在付出汗水的时候，别人同样在努力。所以，要想在众多竞争中脱颖而出，就得付出别人数倍的努力。

2012年6月，湖北省出席党的十八大的代表将会在该省第10次党代会上选举产生，湖北省黄石市黄石化工矿集团胡家湾煤业分公司采煤工区党支部书记肖本平位列其中。肖本平何许人也？他作为一个采煤工区党支部书记，为何能有机会成为十八大代表？

肖本平于1966年11月出生在湖北省大冶市汪仁镇的一个贫苦的农民家庭。因交不上学费，他读到初中就辍学了。22岁那年，他成家立业，并有了孩子，但生活越发困难了。2002年，一次大雨让肖本平年久失修的房子大面积渗漏。为了不让妻儿受罪，他举债重修了房子。

看到肖本平的生活如此窘迫，肖本平的老乡很是同情。在这一年5月，经过老乡的牵线，肖本平顺利进入黄石胡家湾煤矿，成为了采煤三区的挖煤工。在来煤矿报到之前，肖本平猜想这家煤矿一定拥有先进的采煤技术和设备及丰厚的薪水。然而，等真正到了之后，他才失望地发现，该煤矿采煤沿用的依然是传统的采煤方法，效率低下。每个月只有700元的基本工资也让肖本平产生了巨大的心理落差，他甚至想到了离开矿区，另谋出路。好在一些老工人都不断鼓励他，他才决定留下了，并下定决心一定要努力干活。正式工作后，肖本平很少说话，只是闷头一个劲地挖煤。

黄石矿务局采煤工基本任务为每人每月55吨，肖本平除了完成基本任务之外，还额外增加了出煤量，所以第一个月他就领到了1400元的工资。这个数字让所有的工友们都很惊讶。

在矿井里有大小工之分，小工指的是纯靠体力吃饭的挖煤工人；大工指的是从事打眼、放炮、安支架等比较有技术含量的工人。肖本平不甘心从事小工的活，所以只要看到老师傅打眼，他就去扶钻杆，只要看到放炮员装药，他就跑上去看。由于肯努力，他仅仅用了半年时间就学到了别人五年才学到的技术。一年后，经过工友推荐，他全票当选了组长。

2006年，采煤区一组的采煤量连续出现下滑，矿区领导想尽了各种办法也没能该改变这种情况，无奈之下突然想到了肖本平，何不叫他来试一试呢？于是，肖本平临危受命，被任命为一组组长。在肖本平的努力下，仅仅一个月，一组不但超额完成了任务，而且总产煤量一跃成为全煤矿第一。

煤矿是特殊行业，所以安全方面尤为重要。肖本平每天总是第一个到达作业地点进行安全方面的检查，一旦发现安全隐患立马整改。在工作中，他多次帮助工友纠正违章操作，多次及时处理各种大型安全隐患，做到事故为零，工作满分。

由于表现出色，肖本平由普通挖煤工一路升至党支部书记。2008年肖本平被评为全国优秀农民工；2010年被授予全国“五一”劳动奖章；2012年当选为党的十八大代表。此时“名利双收”的肖本平本可以不用像以前那么累，但他却不改矿工本色，依然和一线工友并肩工作，每个月有22天要下井，带领大家月月超额完成任务，用十年的时间完成了别的组要需要19年才能完成的工作。

要想成功，就要比别人多付出！肖本平的成功绝非偶然，而是来自他无数次辛苦的耕耘。他曾经和大多数农村到城市的人一样，背上行囊为生活去奔波。但凡他工作过的地方，在工作岗位能比别人下更多的工夫，能把更多的时间和精力用在工作中，正是这种坚持不懈的努力，使他走向了成功。

只要在工作中付出长期努力的人，最后必然会有一番收获，这样的例子并不在少数。如果现在我们在工作中还未取得重大突破，或许是我们一开始就没有努力，或者是中途放松了努力。而只有把努力当成一种习惯，最后才能会获得完美的结果，否则终究会被人嫌弃的。

不管白猫黑猫，抓住老鼠就是好猫
——结果是检验落实的标尺

在工作中，不仅仅是完成任务这么简单，只有结果做好了，才算是出色地完成了工作。所以，我们一定要树立“以结果为导向”的工作理念，始终把结果当成衡量工作是否合格的标准，因为只有如此，工作才不会出现偏差。

美国有一个流传很广的故事：有一年，加州爆发了一次大规模的淘金热潮。有很多人意识到这是一个发财的好机遇，匆匆忙忙从各地赶往加州，年仅17岁的亚墨尔为了能使自己生活的好一点，也不惜路途遥远，千里迢迢地来到了加州这块令人狂热的土地。

淘到金子是无数人心神向往的，但残酷的现实总会无情地击碎人们的美梦。随着淘金队伍的不断壮大，金子一天比一天难淘，到处都是不分昼夜挖掘的淘金者，而很多人总是一无所获。

过了一段时间，淘金者几乎花光了所有的积蓄，他们连最基本的生活都得不到保障，食物的短缺加上疾病，很多人带着遗憾埋骨他乡。同样没有收获的亚墨尔和别人一样饱受饥渴的折磨。有一天，亚墨尔无意间听见人们对缺水的抱怨，忽然灵机一动，既然金子这么难挖，我何不卖水呢。

亚墨尔开始将远方的水引过来过滤，然后将净化好的水一壶一壶卖给这些淘金者。有人说他是傻瓜，放着金子不挖，跑这么远来卖水，真是可笑，但是亚墨尔不为所动。最后，当别人在寒冬的驱使下垂头丧气回家的时候，亚墨尔却依靠卖水赚到了一笔不小的财富。

在追逐主要目标的过程中，会衍生出很多次要目标和机遇，当大家都在哄抢第一目标的时候，我们去追寻第二目标也不失为明智之举。同样的道理，这也揭示了职场中的一个基本道理：工作一定要有结果。因为有了预期的结果，工作起来就会有明确的目标，就会灵活应变，行动迅速。过程是为结果服务的，没有结果，过程自然就失去了意义。只有先考虑了结果的要求，才能做到以结果为导向，否则就只能是一句空话。

孔祥瑞是天津港中煤华能煤码头一名普通装卸工人，他就是一个追求工作结果的人。参加工作四十多年来，孔祥瑞完成多项技术性的项目，获得12项国家专利，为企业创造了过亿元的经济效益。

2001年，天津港冲击吞吐量过亿吨大港时，孔祥瑞带领的操作队承担着装卸2500万吨货物的任务。设备没变，人也没变，任务量却增加了30%，这无疑是一次艰巨的挑战。

为了出色地完成此次工作，孔祥瑞经过长时间的思索，觉得可以在起重货物的门机上做一番文章。想到就去做，孔祥瑞尝试了很多次，最后想办法使门机的每一次“抓放”作业节省时间15.8秒。不要小看这短短的十几秒时间，一天下来，每台门机就能多干出480吨，当年就为天津港创下1600万元的经济效益，而他发明的这种操作法被天津市总工会命名为“孔祥瑞操作法”。

孔祥瑞虽然没有太高的学历，但他却知道能为企业做出结果的员工才是合格的员工，他通过长年的努力，在工作中不断创新，为企业做出了巨大贡献，因此被评为“全国劳动模范”等荣誉称号。

古语云：“但问耕耘，不问收获。”工作也是如此，我们在渴望得到什么之前，先看看自己是否做出了工作结果？如果没有，就要想法设法去做到，正所谓“不管白猫黑猫，抓住老鼠的就是好猫”，只有做出真正的结果，企业才会满足我们的需求。

做结果的“馅饼”，不做任务的“陷阱”
——完成任务≠结果

职场中，很多员工完成一项任务后，就觉得大功告成了，其实，很多时候，他们仅仅是为了完成任务而去工作，忽略了工作最终的完成情况。要知道，完成任务并不等于取得完美的结果。在工作中，衡量任务完成情况的最佳标尺是结果，如果结果不完美，不论过程中付出多少努力，还是等于没有完成任务。

罗宇、吴真、刘伟三个人从高中到大学都是同班同学，大学毕业后，他们同时到一家企业工作。工作没几年，几乎是同时起步的三人月薪就出现了一些差距——罗宇月薪8000元，吴真月薪5000元，而刘伟只有3000元。

一次，白发苍苍的高中老师去看望他们，对他们三人的薪水差距很是困惑，所以去问他们的经理：“他们三人上学的时候，学习成绩都差不多，为什么参加工作后会有如此大的差距？”经理说：“在学校他们学的是课本知识，未必能应用到实际中，而在工作中他们必须付诸行动，做出一个结果来。在企业，薪水就是衡量他们价值的标准，结果自然会有差别了。”经理说完后，见老师依然是一副疑惑的样子，便说：“这样吧，我现在让他们三人去做同样一项工作，等你看到他们各自做出的结果就会明白了。”

说完，经理把他们三人叫来，然后对他们说：“现在有一个任务，你们去码头对船上水果的价格和质量做个调查，并做好记录，然后尽快给我答复。”

两个小时后，三个人前后回来了。刘伟第一个做了汇报：“那个港口有我一个朋友，我提前一个小时和他通过话，他十分愿意帮我们这个忙。他说，明天一定会给我们一个详细的调查结果。为了保证他能给我们最准确的数据，我准备晚上请他吃饭。”

接着，吴真也把船上水果的品质、价格等详细情况向经理作了汇报。

轮到罗宇了，他先是重复汇报了船上水果的质量和价格，并且将船上最有可能盈利的货物记录了下来。而在回来的路上，他又打电话向另外几家水果批发厂家询问了相关产品的价格和品质等。此刻，经理会心地对老师笑了，老师也是一副恍然大悟的样子。

绝大数人在实际工作当中都以为自己已经很好地完成了工作，但实际上都只是在完成任务，而不是真正做出结果。我们要对工作任务的结果负责，对工作的价值负责，而不是一味地完成任务，因为完成任务并不意味着会有好结果。

故事中的刘伟和吴真看起来是做了他们该做的，其实，他们只是完成任务，并没考虑到应该给经理一个更为完美的结果。在他们看来，经理给我什么任务，我照办就是了，我只对任务负责。但这就是经理真正想要的结果吗？显然不是，经理心中最想要的结果，只有罗宇做到了。

一个企业发展是否符合计划的要求，关键是看结果。员工做得对不对看成果，是奖是罚也得看成果，而不是看过程，总之是要以成败论英雄。企业不是慈善机构，要生存，也要发展，这些都离不开最后的结果，而企业也要在这结果中得到利益，没有最终的利益，一切都是白搭。

身为一名员工，在工作中一定要树立“结果是一切工作的要务”的工作理念，要想方设法去实现企业及自己的目标，为企业创造效益；而不单是机械地完成工作任务，毫不考虑工作的成效。因此，当工作完成后，我们有一千一万个理由都不重要，重要的是这件事情的结果。没有结果的努力都是无用功；结果不理想，同样也是无用功。

曾有一位欧洲女士来中国访问，住在一家高级酒店。酒店因能接待外宾感到自豪，所以接待规格非常高，这位女士也对酒店的服务十分满意。

为了让这位女士对该酒店留下更好的印象，也为了进一步表达酒店的心意，酒店的总经理决定送她一件中国女性传统服装——旗袍，并专门请人为其量身定做。这位女士非常高兴，一再表示谢意。

两天后，旗袍赶制完工，总经理亲自将做工精细的旗袍为那位女士送了过去。在总经理看来，她接到这样漂亮的旗袍，一定会当场惊呼起来。可令他万万没想到的是，那位女士接到旗袍后，不仅没有像总经理预想中那般兴奋，反而却面露愠色，勉强收下。更加让他没想到的是，几天后，当这位女士离开酒店的时候没有带走那件旗袍，而是像丢垃圾一样，随时地将它遗弃在客房的角落里。总经理无论如何也想不出这位女士的前后态度反差如此之大的原因。后来经过多方打听，终于弄清楚了事情的原委。

原来，那位女士外出的时候没有看到一位中国女士穿的服装是旗袍，而看到酒店里的服务员都穿旗袍，不了解中国文化的她就误以为旗袍是服务员的专用服装，而现在又收到了总经理送的旗袍，更让她愤怒万分，认为自己没有受到尊重，所以临走时干脆将旗袍丢在一边。

得知事情缘由的总经理懊恼不已，抱怨自己好心办了坏事，本想是利用旗袍表达对客人的尊重，没想到最后却弄巧成拙，引起了客人的误会。

总经理的出发点虽然是好的，但他却陷入了“自以为是”的思维当中，自己觉得贵重的东西就认为别人一定会喜欢。殊不知，自己认为好的，别人不一定就认为好。如果他能考虑到中西方文化的差异，并提前与那位女士进行沟通，并对中国的旗袍历史做一个详细的介绍，这样就完全可以避免一场误会。然而可惜的是，总经理并没能想到这些，导致产生了不尽如人意的结果。

可见，出发点好，结果未必就好。工作中，只有先考虑结果，然后逐一排除掉可能会使结果打折的因素，最后才能达到预期的效果。总之，如果我们要想漂亮地完成工作，就要记住：工作中最重要的是结果，而不仅仅是完成任务！

只有工作不会骗自己
——提升工作技能是成全自己

随着社会进步，很多行业的分工越来越细，对员工专业技能的要求也越来越高。这也预示着员工要想在工作中做出好成绩，就必须提升自己的工作技能。如果我们在工作中还未取得重大成果，或者成果不太令人满意。那么，我们就应该进行反思，自己的工作技能是否还有所欠缺？如果是，那就应该主动学习充电，不断提升工作技能。因为只有如此，最后才能在工作中取得突破。

贾向东是中国能源建设山西省电力建设二公司工作的焊工，参加工作12年来，他先是被公司评为“劳动模范”，后又被授予“全国五一劳动奖章”称号。此外，他还在全国性焊工比赛中获得优异的成绩，是公司最为知名的焊工之一。那么，贾向东到底是怎么做到如此优秀的呢?

贾向东是19岁那年进入山西电建二公司的。刚到公司的贾向东由于没有工作经验，只能做一份送水的工作。后来一个偶然的机会，他得知公司焊接工程处正在招收一名员工，于是便报了名。

报名以后便开始参加焊工培训，也正是从这时候起，贾向东就暗下决心一定要学好焊工这门技术。每天进行培训的时候，他总是第一个到现场，最后一个离开。每天当工友在看电视、喝茶聊天的时候，他总是在一旁认真地翻阅资料，做学习笔记，根本不受外界的干扰，这个细节让他的工友司明星印象颇为深刻："他一个人坐那看书，人们吵吵嚷嚷，他丝毫也不分神。"

贾向东除了努力学习理论知识之外，还十分注重实践，每天只要看书看腻了，就去练习焊工技术。但时间一长他就发现这样进步还是有些慢，于是便经常拿着自己焊接完成的"作品"请一些老师傅指点。几乎每天，工友们都能看到贾向东向老师傅学习的身影。正如贾向东所说："无论什么工作，要干就干到最好。"

贾向东付出了比普通人更多的努力，不管寒风暴雨，还是烈日骄阳，他都穿上厚重的工作服练习焊接技术，单一的姿势通常要保持很长的时间不动，汗水像滴水一样往下流，眼睛经常被弧光烧成"核桃眼"，时间一长，工作服也被烧透，以至于身体被烧伤。

2004年，贾向东因表现优秀被公司从低压焊工破格晋升为高压焊工，这个过程普通人需要五年时间，而贾向东仅用两年就做到了。

此时，焊工技术已经炉火纯青的贾向东被派去参加国家重点工程"西电东送"工程建设的工作，他留下的焊口结实又美观，连一些外国专家都竖起大拇指称赞。

贾向东从一个对焊工技术一无所知的人逐步成长为真正的焊工专家，他的成功正源于他意识到唯有不断提升自己的工作技能，才能成就自我。同样，如果我们也想通过工作成就自己，就需要不断地学习专业知识，把工作技能提升到别人无法达到的地步，只有如此，才能完美地完成工作。

在台湾的出租车行业里，有一个出租车司机平均每个月的收入总是其他的司机几倍，这让同行羡慕不已。大家同时出车，同在一个城市拉活，又同时收车，可差别为什么这么大呢？原来，这位司机的收入之所以是别人的好几倍，是因为他“职业化”了他的工作。

这位司机师傅会根据每天的天气、上下班时间、用餐时间、星期天等多种因素，制定一个详细的行车路线。比如星期一到星期五的早晨，他会先去民生东路，那里都是一些比较高档的小区，搭车上班的人也比较多。9点钟的时候，他会在各大饭店来回穿梭，这个时间多数人已经吃过早饭，出差办事和游玩的人都该出发了，由于不熟悉环境，所以出租车是最多也是最佳的选择。

午饭前，他会等在一些大型的写字楼旁边，这个时间里有很多上班族要外出吃饭，因为中午休息的时间较短，为了方便快捷，他们多数都会搭乘出租车。午饭过后，他又会等在餐厅比较密集的街区，因为刚吃完饭的人着急赶回公司上班。

下午两点左右，他则在银行附近徘徊，除去一半存钱的人，还有一半取钱的人，这些人因为携带这大量现金，为了安全起见，一般不会去挤公交，大多数会选择打车，所以载客的几率比较高。

下午6点钟，是下班的高峰期，市区开始堵车，他便去机场、火车站或者郊区搭载乘客。

晚饭后，他会去那些生意火爆的大饭店，接送那些喝酒吃饭的客人，然后，他自己吃饭、休息一会儿，然后等在休闲娱乐场所门口……

这位出租车司机虽然是众多“的哥”中普通的一员，但他愿意将更多精力投入到工作，通过分析人们的生活以及工作的规律，准确地掌握了一天中的每个时段客源集中的地点，从而也获得了不菲的回报。

不论是想通过工作来成就自己，还是想成为企业不可或缺的员工，首先应该把专业技能作为自己工作的目标。把专业技能做到别人无法超越的地步，也就离实现了自己的目标不远了。

没有结果的付出是徒劳
——要功劳，不要苦劳

当今很多企业中，有的员工没能完成老板交给自己的任务，就会产生“反正我已经努力过了，即使没有功劳也有苦劳”的想法，觉得老板应该谅解自己的难处。殊不知，没有功劳的所谓苦劳根本毫无价值，不但消耗了自己的时间，还浪费了公共的资源。

客户只认效率，企业只认功劳。企业必须见到成效，员工只能拿出业绩。如果一家企业生产的产品质量不合格，不可能找借口说，产品虽然存在瑕疵，但也是企业员工千辛万苦制造出来的，只要不太影响使用，消费者就将就用吧。这个道理人人都明白。所以，作为员工，我们不应该到处和别人说自己有多辛苦、多努力，而应该说自己在工作中做出了什么结果。

在一个凭实力说话的年代，讲究能者上庸者下，没有哪个老板愿意拿钱去养一些无用的闲人。这是一个凭结果说话的时代，这个时代“只有功劳，没有苦劳”，真正优秀和实干的员工，永远不会用“没有功劳，也有苦劳”为自己找借口，推卸责任。

哈德良皇帝是罗马帝国五贤帝之一，他不仅是一位卓越的政治家，也是一位博古通今的学者，深谙用人之道。哈德良手下有一员猛将跟随他多年，随他南征北战、出生入死。

一次，这位将军对哈德良说：“尊敬的陛下，我觉得我可以带领军队镇守一方了，因为我跟随您参加了很多重要战役，经历过最残酷的考验，我觉得我作战经验丰富，完全可以胜任。”

哈德良皇帝很了解这位将军，知道他虽然骁勇善战，但是却没有统帅之才，不懂谋略之道，只能作战于前线。哈德良皇帝略微思考了一下，没有拒绝，也没有答应，只是带着他来到了一块开阔的草地上，草地上有几十头用来驮运军用物质的驴子在吃草。哈德良皇帝指着驴子，意味深长地说：“将军，你看这些驴子，它们征战沙场不比你我少吧？但它们仍旧是驴子。”

在哈德良皇帝看来，这位将军虽然忠心耿耿，征战沙场数十年，但大多数是苦劳，没有多少功劳。资历和作战经验虽然很重要，但这并不是衡量能力大小的标准。

看到这里，也许有人会忿忿不平："为什么总是强调员工的功劳，却对苦劳只字不提？"在回答这个问题之前，我们不妨思考这样一个问题：企业和员工最本质的关系是什么？答案是雇佣关系。企业之所以愿意雇佣我们，就是觉得我们能为企业创造出价值，那么企业付我们薪水和酬劳的目的，就是要我们在工作中做出有价值的结果。

所以，作为员工应该明白，如果在工作中没有创造结果，就没有实现价值。只有做出功劳，才是最有价值的！

后 记

我们编写此书的心旨仅在借此给广大读者提供思考、解决问题的方式，给读者带来点滴感悟，激发片刻思想灵光，开启人生智慧的全新视角。

本书能够顺利出版要感谢李锦平、杨忠、高海友、李丽、高红敏、龚学刚、才永发、王云强、王帅、吴丹、宋华、刘作越、马海峰、孙海鹰、吴春雷、陈艳丽、张丹、陶也、李仁成、郝洪亮、孙海鹰、郑海等众多人力的支持，是他们的积极参与和提出的宝贵意见使得本书更趋完美。

最后，再次感谢他们一路辛苦的付出和陪伴。